BERNHARD BITTERWOLF · EDI GRAF

FRAI DE HEIT, S ISCH WEIHNACHDSZEIT

Schwäbische Geschichten, Gedichte und Lieder

SILBERBURG

1. Auflage 2023

Umschlaggestaltung, Layout und Satz:
Björn Locke, Nürtingen.

Lektorat: Gertrud Menczel.

Umschlagillustration: Uli Gleis, Tübingen.

Bildnachweis: Freepik, macrovector/Freepik, sentavio/Freepik, rawpixel.com/Freepik, starline/Freepik, createvil/Freepik

Printed in Slovenia by Florjancic.

ISBN 978-3-8425-2389-0

Ihre Meinung ist wichtig für unsere Verlagsarbeit.
Senden Sie uns Ihre Kritik und Anregungen unter
meinung@silberburg.de

Besuchen Sie uns im Internet und entdecken Sie die Vielfalt unseres Verlagsprogramms:
www.silberburg.de

INHALT

ES SCHNEIALET, ES BEIALET, ES GOHT EN KALTER WEND

AM KRIPPLE

VO HIMMLISCHE SPEISA OND EM SANTIKLOS

S CHRISCHTKENDLE ENS HERZ

FRAI DE HEIT, S ISCH WEIHNACHDSZEIT

S GOHT DRGEGA

Älle Johr mol wieder …

Vorwörtle vom Bernhard »Barny« Bitterwolf ond em Edi Graf

Kaum a Zeit im Johresablauf wird meh bedichdet ond besunga wia dr Advent ond d Weihnachdszeit. Älle Johr mol wieder scheint bis zum heitiga Dag a ganz bsondere Schtimmung überm Ländle zum liega, wenns auf des große Feschd zuagoht. D Leit höret anand meh zua wia en de andere Monet, se bsinnet sich uf ieberlieferte Brauchtumsforma, se denket gern zruck an scheene Weihnachdsbegegnunga ond -feschdla ond, ganz wichdig, d Leit singet, musizieret ond verzählet sich wiedr Gschichdla.

So isches au bei uns zwoi! Immer in dr Vorweihnachdszeit packet mir unsre Instrument ei, holet unsre neie Gschichdla ond Gedichdle aus dr Schublad ond fahret durchs Ländle, zom dia Traditio von dr Schwäbischa Hohstub wiedr aufleaba zum lassa. Scheene Däg hommr drbei scho vrlebt! Aus viele Gspräch ond von manchr Begegnung hemmr Aregunga ond Idea mit hoimgnomma ond in neie Text verschaffet. So isch noh au des Büachle entstanda: a Sammlung mit Gedanka rund um Weihnachda ond dr Johreswechsel.

Mir hoffet etz, dass unsere Leserinna ond Leser schmunzlet, lachet, bläret, a bissle zum Nochdenka agregt werret, sich fraiet ond Stoff zum Vorleasa in dr Familie, em Verei, underm Chrischtbaum drhoim ond in gselliger Runde em Freundeskreis findet.

Des Weihnachdsgescheha schtimmt uns Johr für Johr immer wiedr hoffnungsfroh. Beim Blick noch vorna dürfet mir aber it vergessa, dass onser scheene Kultur ao ganz alde ond diafe Wurzla hot. Mir kenned des jo: En Baum mit ma stabila Wurzelwerk ka de Stürm, wo s Leaba oweigerlich mit sich bringt, besser schtandhalta. Des gilt it bloß in dr Natur, sondern au für d Leit. Drum saget mir:

FRAI DE HEIT, S ISCH WEIHNACHDSZEIT!

En kloina Rot no für alle, wo sich mit em Lesa von dene oft au ganz onderschiedlich gschriebene schwäbische Wörter schwer dont: Lies laut ond frai de am Klang von unsra scheena Sproch. Oder komm zua ma »Weihnachda auf Schwäbisch«-Obed mit uns zwoi – mir leset, spielet ond singet dir gern ebbes vor, frei noch onserm Motto:

Älle Johr mol wieder
Spielet mir für eich:
»Weihnachda auf Schwäbisch«,
Wo, des isch ons gleich!

Ieberall em Ländle
Lauter nette Leit!
»Weihnachda auf Schwäbisch«!
Ha, des isch a Fraid!

Barny Bitterwolf ond
Edi Graf, der Kloi,
»Weihnachda auf Schwäbisch«,
Mir fraiet ons, mir zwoi!

Wias dr Brauch isch, wünschet mir eich älle
»S Chrischtkendle ens Herz«.
Bleibet gsund – noh isch eich wöhler!

Haisterkirch ond Wurmlingen, em Sommer 2022

Bernhard »Barny« Bitterwolf ond Edi Graf

ES SCHNEIALET, ES BEIALET, ES GOHT EN KALTER WEND

FRAI DE HEIT

BERNHARD BITTERWOLF

D Adventszeit isch jo jeds Johr gleich: Ma hetzt von oinr Besinnung zur nächschta! Kaum Zeit zum Verschnaufa, d Nerva lieget blank, alle sind greizt und ganget sich, wenns goht, ausm Weag.

An sellem Morga hon i beim Frühstück a bissle mit meinra Frau zerflet, i woiß scho gar nemme warum, bin dann ausm Haus und zua meim Auto gloffa. Mi hot schier dr Schlag troffa, wo i scho vo weitem gsäah hon, dass en Zettel unter meim Scheibawischer bäbbet isch.

»Ha, des derf doch it wohr sei, scho wiedr en Schtrofzettel«, war mein erster Gedanka – mein Bluatdruck isch sofort wiedr in d Höhe gschnellt!

Abr noi, des war koin Schtrofzettel: Auf dem Blättle war a Melodie notiert, mit ma Text; und a Zoichnung von de Heilige Drei Keenig war au drauf.

Und dia drei Heilige hond vielleicht ausgseha! Alle drei waret a bissle verratzt azoga, dia Krona send schepps auf de Häupter ghanget und alle drei hont trotz ihre runde Bäuchla en abkämpfta Eidruck gmacht. Oinr hot a riesige Knollanas mittla em Gsicht ghet – aber alle drei hond gstrahlt und glachet übers ganz Gsicht!

Gsunga hont se:

»Frai de heit, sonsch hosch du morga
a oagnehms Geschdern!«

Wo i des glesa und dia Nota aguckt hon, hot sich dia Melodie glei en meim Kopf feschtgsetzt und i hon au a ganz broits Schmunzla em Gsicht ghet. Im Büro hon i noch des Blättle a baar mol kopiert und meine Kollega hälenga auf dr Schreibdisch glegt. Plötzlich war überall a Kichra, Lacha und Summa zum höra. Alle waret ganz entspannt, hont mitanand gschwätzt und immer wieder hont a baar Leit versuacht, den Kanon mit dem netta Text zum singa.

Obends hon i dann weitere Kopia von dem Blättle bei de Nochbr en d Briefkäschda gschmissa und undr alle Scheibawischr von de Fahrzeug en meinra Schtroß hon i au solche Zettel klemmt.

I ka eich saga, des war a Fraid! An de nächsta Obend hont d Leit en meinra Schtroß sich gegaseitig bsucht und immer wiedr gfroget, woher des Bildle mit dem Liad wohl schtammt. Ma isch zammaghocket, hot a Viertele mitnand drunka und öfters war dussa auf dr Gass dia Melodie zum höra.

Mit so ra Kleinigkeit kasch de ganz Stimmung inna andre Richtung lenka. So entspannt war d Adventszeit en de Johr vorher no nia. D Leit hont scheints scho a Sehnsucht noch Ruha und noch Fraid.

Probierets oifach mol aus! So en kloina Zettel, en kurza Brief mit was Nettem drauf ka echt a klois Wunder verursacha!

FRAI DE HEIT

MUSIK UND TEXT: BERNHARD BITTERWOLF

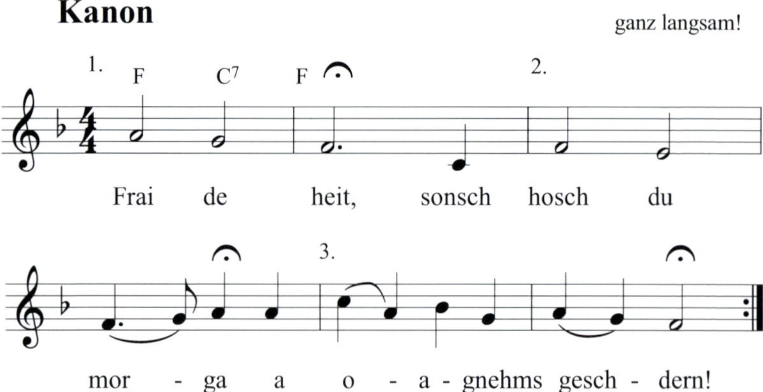

S isch Weihnachdszeit

Edi Graf

S isch Weihnachdszeit em Schwobaland
Ond ao em Rescht vom Ländle.
Mr wartet wirklich überall
Uf dia Geburt vom Kendle.
Ond Weihnachda, wie hoißt's so schee
In oim von dene Lieder,
Kommt, so wie d Fasnet ond dr Mai,
Halt »Alle Jahre wieder«.

Des Klopfa isch seit alter Zeit
A Brauch, wo em Advent
Em Allgäu ond em Oberland
A jedes Kend no kennt.
S isch Klöpfleszeit mit Klopfervers:
»Wirf Nüss ond Äpfel ra!«,
So senget d Kender uf der Gass
Ond klopfet fleißig a.

Beim Klôsa isch des Gsicht ganz schwarz
Vor lauter Ruaß ond Fett
Ond mancher Rubelz oder Klôs,
Der konnt dr nachts em Bett!
Dr Klausabigger mit der Ruat,
Mit Rassla om da Bauch,
Dr Belzmärt oder Belzenick,
Em Schwarzwald ischs dr Brauch.

Bei uns do kommt dr Niggelaus,
Füllt d Schtiefel ond ao d Schuah,
»I hoff, dr Ruprecht goht vorbei«,
So wünscht sich's mancher Bua.

Em Enztal und ge Pforza zua,
Do lässt mr d Peitscha knalla,
Pelzmärtle küsst sei Chrischtkendle
Ond d Glocka hörsch du halla.

Am Niklausfeuer brennet nachts
Die Harzkachla em Wender
Ond Hanselmanne, Weckama,
Des möget älle Kender.
Ob Breedle, Gutlse, Hutzelbrot,
In jedem Haus wird bacha,
Ond hot des Springerle en Fuaß,
Noh hört mr d Mamme lacha.

Isch noh dr Heilig Obed do
Siehsch du em Hohalohisch
Dia Rollbuawa mit Pferdegschell,
Schee, dass der Brauch noh do isch!
Beim Kuahreiha vo Villinga,
Do, uff dr kalta Baar,
Spielt oiner auf em Herterhorn
Wia scho dreihundert Jahr!

Des Heischesinga vom Barock,
Des isch em Oberland
Von Saulgau über Raveschburg
Bis Haischterkirch bekannt.
In Biberach, im Tal der Riss,
Wird's Christkindle raglassa,
Den Brauch, den soddsch du, grad aso
Wia d B'scherung, ned verpassa!

Ond z' Endinga, um Mitternacht,
Bringt Wasser »Glück ins Hüs«.
A Krügle voll mit Heiliwog,
Des scheucht des »Unglick nüs!«
En Altasteig em Nagoldtal
Hend d Fackelgilda Feuer gmacht,
Dia Weihnachtsfackla loderet,
Hell leuchtet se, dia Heilig Nacht.

Kaum isch die Chrischtnacht noh vorbei
Bringet, vom Morgaland,
Drei Keenig ihre Gschenkla mit
Kamel ond Elefant.
Jetzt isch dia letschte Raunacht do,
Ond los goht d Fasnetszeit,
Bis Lichtmess bleibt dr Chrischtbaum schtoh,
Solang's no Nodla geit.

Em Allgäu ond em Oberland
Ond ao am Bussa doba,
Do ziagt mr jetzt von Haus zu Haus
Ond duad da Chrischtbaum loba.
A Schnäpsle gibt's für so viel Lob
Ond i sag: »Frai de heit!
Du hosch da allerschenschte Boom!
Ein Proscht auf d Weihnachdszeit!«

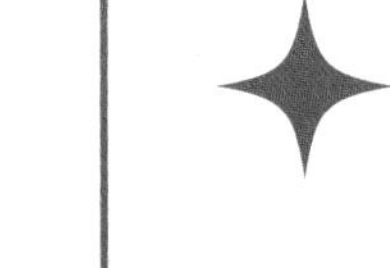

ADVENT

BERNHARD BITTERWOLF

In dr Luft
Breedlasduft.
So arg schee:
S Kanapee!
Jo it naus –
Bleib em Haus.
Duss isch kalt,
Em Feld, em Wald.
Riabig werds,
Schwer wirds Herz.
Schtill ringsom –
Gedanka fromm.
S Kerzle brennt
Dr Rälle pennt.

S isch Advent!

D ADVENDSZEIT ISCH DIE SCHÖNSTE ZEIT

EDI GRAF

D Advendskranzkeeza brenned schao,
Do denna en dr Stuaba.
Emmer bälder wirds etzt Nacht,
Dr Opa hot a Fuier gmacht,
S gwärmt d Mädle ond ao d Buaba.

Am Morga goht a Dürle uf
An meim Advendskalender.
Er hot so vierazwanzig Stuck,
Ond jeda Morga, wenn i guck,
Isch kürzer dr Dezember.

Ond en dr Kuche, do wird gschafft,
Dr ganz Dag backt mei Mamme,
Em Haus isch so a Düftle jetzt,
Noch Schprengerle ond Breedla schmeckts.
Mir lauft grad s Wasser z'samma.

Am Seggsta kommt dr Niggelaus,
Mid Ruprecht ond dr Ruate,
Er schillt, noh leert er s Säckle na,
S geit Nussa ond en Weckema'
Ond Breedle ao – dia guate.

Dr Christboom stoht bald en dr Stub,
I träum bei Nacht em Schlof,
Mir zendet s vierte Keezle a,
Dr Babbe stellt etzt s Kripple na,
Mit Hirta, Ox ond Schof.

D Advendszeit isch die schönschte Zeit,
I frai me schao wia selig:
Des letzte Dürle isch bald dra,
En drei, vier Dag goht Weihnächd a –
Ond d Fasned an Dreikeenig!

Singet, Leit!

Bernhard Bitterwolf

Verwundert guckt mein Vaddr, der neaba mir am Mahlweiher schtoht, de Schlittschuhläufer und Eishockeyspieler auf der en dem Johr scho em Advent zuagfrorena Wasserfläche zua. Mei Händi klinglet.

»Wer war des?«, frogt mein Vaddr.

»Dr Moritz!«

»Wer isch dr Moritz?«

»Des isch doch dein Enkel, mein Bua!«

»Aha, a so?!?«

Mit de Nama von de Leit duat sich mein betagtr Vaddr zunehmend schwer.

»Komm, mir ganget hoim. Dohana isch doch saukalt.«

A bissle oigasinnig bruddlet mein Vaddr vor sich na, dreht sich dann abr doch um und däppelet noch links weg. Vorsichtig heb en am Arm und zoig noch rechts: »Dona müsset mir!«

Dia fortschreitende Altersdemenz isch manchmol ganz schee lästig. Mein Vaddr vrliert immer meh vo seinra Persönlichkeit, woiß nemme, wo des Haus schtoht, des er mit oigene Händ für sei Familie baut hot. Beim Obendessa dann hocket mir alle am Tisch en dr Stuba.

»Babba, gib mir doch bitte dr Salzschtreuer rüber.«

Mein Vaddr greift noch dr Schprudelflasch. I bedank mi aschtändig. Nochem Vesper zündet mir de dritt Keez am Adventskranz a, i nimm mei Klampfe in d Hand und lad zum Mitsinga ei. S gibt so scheene Lieader, dia ma früher wia heit em Schwäbische gern en dr Weihnachdszeit singt. Mein Vaddr freits.

Mir fester Schtimm singt r kräftig, singt r laut mit, alle Stropha. Auswendig! Etz isch er in seim Element. Ma sieht, er fühlt sich wohl. Sei Gsicht strahlt, er lachet und hot en wunderbara Glanz in de Auga.

Singa macht froh, singa macht zfrieda, singa verbindet.

Singet, Leit!

WIA D LINSA AUF D SCHWÄBISCH ALB KOMMA SEND

A GSCHICHT FREI NACH DEM MATTHÄUS-EVANGELIUM

BERNHARD BITTERWOLF

Noch ihrem Bsuch an dr Krippe standet dia Heilige Drei König, dr Kaschper, dr Melches und dr schwaaz Baltes, vor dem Stall zu Bethlehem. Dr alte und weise Melches schwätzt, no ganz ergriffa von dr Begegnung mit dr Hoiliga Familie, auf seine zwoi Kollega ei: »Mir kennet etz it aufm direkta Weag wieder hoim. Auf gar koin Fall dürfet mir zruck in den Palast vom Herodes. I trau dem Schlawack it über dr Weag, bei dem Kerle hon i glei vo Afang a koi guads Gfühl ghett. Mir dont oifach so, als seiet mir immer no auf dr Suche noch dem neugeborena Königssohn. Mir wandret weiter Richtung Weschta. I bin sicher, em Herodes seine Scherge verfolget uns. Mir führet dia Bachel oifach in d Irre und verschaffet dem Josef, seiner Maria und dem Jesuskindle Luft und Zeit!«

Dodrauf na maulet dr Kaschper zwar: »Oh je, i hon meinra Frau versprocha, i komm glei wiedr hoim. Des gibt sicher wiedr Ärger drhoim. Abr, Melches, i glaub, du hosch reacht. So machet mrs!«

Dia drei Hoilige schnaufet tief durch und ziehet los. Se kommet durch unwirtliche Gegenda, stroifet Wüstena, überqueret Bäch, Flüss und Meer, bis se noch viele entbehrungsreiche Wocha und Monat auf ihra Wanderung nauf auf d Schwäbisch Alb kommet.

Dr Baltes guckt sich um: »Menschenskind abr au, des isch vielleicht a karge Gegend. Do wachst it viel, abr Stoinr hots wia Sand am Meer. Dass ma do überhaupt leaba ka?! Etz bin i mol auf dia Eigeborene gspannt!«

In dera Nacht, in der dia drei hoilige König im Windschatta voma alta Schopf ihr Lager aufgschlaga hond, fangts a schneia und hört nemma auf. Dr Baltes schtaunt it schlecht über dia große weißa und kalte Flocka, dia er aus seiner Hoimet it kennt. Weil se auf ihrer Wanderung längst alle Kamel und em Baltes sein Elefant verkauft oder gega Nachtlager und Essa eitauscht hend, müsset dia drei König trotz Schneetreiba bei Tagesanbruch per pedes, also z Fuaß, weiter. Dr Hunger und d Kälte ploget, des Schneetreiba nimmt d Sicht und s Hoimweh macht sich in de Herza broit. Dr ganze Dag schneiets und ersch obends sehat se z Bernloch Licht in ra Herberge. Leider hanget a Schild im Fenster: Heute Ruhetag! Auf ihr Klopfa na macht dr Wirt dann doch no d Tür auf, zögert bloß kurz und losst se trotz ihres fremdländischa Aussehens in sei Gaststub. Am warme Kaminfeuer stellet sich dia drei als König ausm Morgaland vor und verzählet, was se alles erlebt und geseha hend auf ihra Reis in de letzschde Monat. Dr Wirt moint, dass er scho gerüchteweis von dene Heilige Drei König und ihra Wanderung durchs Ländle ghört häb, abr dia Gschicht it reacht glaubt hot.

Dr Sohn vom Wirt, dr kloine Ernst, staunt, kriagt s Maul nemme zua und froget: »Wenn ihr drei Gstalta echte König sind, wo hondr dann uire Krona?«

Wia auf Kommando langet dia drei Fremde in ihre Rucksäck, hollet ihre Krona raus und setzet se auf ihre Köpf. A Funkla und Leuchta erfüllt de ganz Stub.

»Des isch s oizig Wertvolle, was uns auf unsra Reis no blieba isch«, erklärt der Melches. »Alles andere hommr hergeaba, verkauft oder gega Essa eitauscht. Dia Krona müsset mir unbedingt bhalta, weil dia Hochzeitsgeschenk von unsere Königinna waret.«

Bei Schafsbrota und reichlich Wacholderschnaps wirds dann no en ganz gmüatlicha Obend. Dr Wirt legt a baar Scheitla Holz ins Fuir und dia Heilige Drei König singet Lieadr aus ihra ferna Hoimet im Morgaland. Allerdings verschdanded weder dr kloi Ernst no sein Vaddr den Text. Liegts an dera fremdländischa Sproch oder vielleicht doch am Schnaps?

Au dia zwoi Älbler lond sich it lumpa und schmettret ihr Lieblingsliad:

Es schneialet, es beialet, es goht en kalter Wend,
es fliagt a schneeweiß Vegale aufs Köpfle jedem Kend.

Es schneialet, es beialet, es goht en kalter Wend,
dia Mädle zieaget Handschua a, dia Buaba laufet gschwend.

Es schneialet, es beialet, es goht en kalter Wend,
hosch du a Stückle Brot em Sack, noh gibs ma arma Kend.

Es schneialet, es beialet und d Baura führet Mist,
se sitzet auf da Wage nauf und schreiet »hott« und »wischt«!

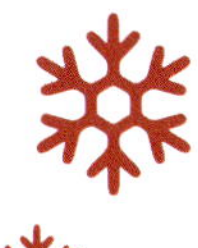

Es schneialet, es beialet, es goht en kalter Wend –
und wenn dr Kuckuck d Mädla holt, no isches au koi Sünd!

Am nächsta Morga, als es ans Bezahla goht, kommt a bissle Verleagaheit auf.

»Mir hond nix meh, koi Myrrhe, koin Weihrauch und scho gar koi Gold. Trotzdem mechtet mir uns gern erkenntlich zoiga«, sagt dr Kaschper und holt a Leinasäckle aus dr Innatasch von seim Mantel. Der Älbler Wirt wehrt zersch ab, nimmt abr des Geschenk dann doch mit ma herzlicha »Vergelts Gott« a, als er hört: »In dem Säckle isch Saatgut für Linsa. Des sind Hülsefrücht, dia au auf trockene Böda und bei rauem Wind wachset. Bei uns im Morgaland möget des d Leit wahnsinnig gern. Des isch sogar d Leibspeis von meinra Königin.«

Beim Gedanka an drhoim standet dem Kaschper Träna in de Auga. Der Melches nimmt en am Arm und sagt beim Weglaufa zum Wirt: »S isch it sicher, ob mir unsere Verfolger scho abgschüttlet hend. Mir brauchet no a bissle Vorsprung vorm Herodes seine Weidäg. Sag bitte niemand was von unserm Bsuach bei dir in deiner Herberge. Verhebs no bis Oschtra, bis dann sind mir scho längst jenseits vom Bodasee!«

Mit dem Liad »Es schneialet, es beialet …« auf de Lippa ziehet dia Heilige Drei König über Pfronstette, an dr Wimsener Höhle vorbei ge Zwiefalta und dann nei ins Oberschwäbische. Überall werret se gastfreundlich aufgnomma und verkündet dia Heilsbotschaft »Uns isch a Glück aganga. Dr Heiland, dr Retter der Welt isch gebora! Freiet eich!«

Manche Wirt hond ihre Gasthäuser, in dene dia Heilige Drei König von ihrem Erlebnis z Bethlehem an der Krippe verzählt hend, bassend zu dem prominenta Bsuach umbenannt. So findet mir heit no in Bad Saulgau en »Dreikönigskeller«, in Reute bei Bad Waldsee a Wirtschaft »Drei König« und in Hagnau a Bodaseehotel »Dreikönig«.

Viele moinet, Alb-Leisa hätts scho immer auf dr Schwäbischa Alb geaba. Des stimmt so it! Wenn ihr heit Linsa aufm Teller hond, denket dra: Seit der Zeit von Chrischti Geburt isch d Welt zammagrückt. Auf dem Globus hängt alles vonanand ab, alles isch mitanand verflochta. Mir sottet desweaga immr wiedr aufs Neue Zoicha geaba, Gastfreundschaft pflega, aufanand achte und uns um Andere kümmra. Alle, gar alle, sind mir Kinder Gottes, egal wia mir hoißet, wo mir drhoim sind, wia mir zu unserm Herrgott saget, welche Sproch mir schwätzet.

Und denket au dra: Hülsafrücht wia Linsa verbindet dr Orient mit em Okzident. Mir sind dene Menscha ausm Morgaland bis zum heitiga Tag für des Saatgut zum Dank verpflichtet. Alle Leit, egal ob reich, ob arm, egal, ob se auf dr Nord- odr dr Südhalbkugel leabet, esset gern Linsa. Abr bsonders guat schmecket se, des woiß jo jeder halbwegs kulinarisch Gebildete, mit Spätzla und Soitawürschtla. Und weil des fascht süchtig macht, kennt mas au als schwäbisches LSD: Linsa, Soita, Doigwara!

ES SCHNEIALET, ES BEIALET

VOLKSWEISE
TEXT: GESAMMELT VON BERNHARD BITTERWOLF

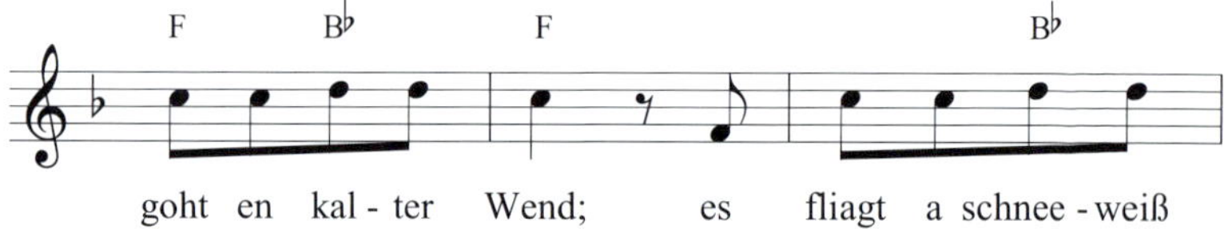

HOUM OFFIS

BERNHARD BITTERWOLF

Jedes Johr, so em Advent,
Wenn em Himmel alles rennt,
Wenns Hektik gibt, fast ohne End,
Ond d Luft vor Stress jo beinoh brennt,
Dann losst Gottvater alles stau,
Dr Umgangsto wird ihm zu rau.
Er suacht sein Frieda, suacht sei Ruha,
A kloine Auszeit stoht em zua.
Auf dr Erde wandelt er,
Am lieabsta dort am schwäb'sche Meer.
Er mag dia Landschaft, lieabt dr See,
Nirgends sonsch isch es so schee!
Er denkt it an sei Büro,
Spaziert durchs Land inkognito.
Doch täuscht hot er sich in de Leit,
En Bauer kennt ihn, hot a Freid,
Spricht ihn an und froget schnell,
Was er sucht an dera Stell.
»Herrgott, s isch a große Ehr,
Wenn du kommsch ans schwäbisch Meer.
Wa duasch du do, verrot mrs gschwind?
I sag s bloß meinra Frau, de Kind.
Ansonsta halt i s Maul ganz gwieß!«
»Worum dr Himmel i verließ?
Am Bodasee ischs Paradies,
Drom mach i do mei Houm Offis!«

MIR FAHRET LIEBER SCHLITTA

EDI GRAF

Es hot heit Nacht a Schneele gschneit ond jetzt kommt d Sonne raus,
Dr Schlitta aus em Keller gholt ond nix wie aus em Haus!
Am Schlittabuckel isch was los, mi haut's glei in da Schnee,
Ond duat am Obed s Kreiz ao weh – es war halt oifach schee!

Zum Schifahra am Wochaend drei Schtunda lang em Stau,
Die Bretter uf em Autodach, ond nebadra mei Frau.
Am weißa Hang beim Sessellift, do wart i ziemlich lang,
Bis i noh endlich wedla ka, stand ewig en dr Schlang.

Mir fahret lieber Schlitta, sobalds bei ons mol schneit,
Em Schwarzwald oder auf dr Alb, do hemmers gar net weit.
Worom denn in die Ferne, wenns Gute liegt so nah,
Ond hinterher a Viertele, des isch doch wunderbar!

HORRIDO EM HEMMEL DOBA

BERNHARD BITTERWOLF

Überall em Ländle wisset d Leit, dass en dr Vorweihnachdszeit, moischtens kurz vor em erschta Advent, em Hemmel doba a Riesafescht, nämlich a Hetzjagd veranschtaltet wird. Wer scho mol bei ra Jagd drbei war, woiß, was des für a Mordsgaudi isch. Alle, gar alle dürfet do bei dera alljährliche Himmelsjagd drbei sei: alle Cherubim und Seraphim, alle Heilige, alle Engel und natürlich au de ganz Heilig Familie bis nauf en d Chefetasch.

Bsonders em Oberschwäbische, do isch ma jo bekanntlich dem Hemmel a Stuck näher, krieaget dia, wo guad nahöret, des Spektakel au unda auf dr Erde mit. Do isch a Juchzga, a Jubla, a Singa en dr Luft wia sellmol bei dr Geburt em Stall z Bethlehem. Also a echts Horrido em Hemmel doba, do gohts sozusaga zua wia em Hemmel vorduss.

Bloß – em letzschte Johr hots en kloine, awa, en große Skandal gea. Während dem ganza himmlische Jagdgescheha hot irgendoiner en Schuss auf dr Heilig Goischt abgeaba. Den hots zwar it troffa, trotzdem isch er furchtbar vrschrocka, hot sich zwoimol vrschüttlet und sich dann nadierlich bei Gottvaddr beschwert. Der isch fuchsteiflesnarret worra und hot den heiliga Petrus vor sein Thron zitiert: »Petrus, so goht des auf koin Fall weiter, sowas darf it nomol bassiera. Wenn des dia wonderfitzige Oberschwoba mitkrieaget, no hommr a echts Problem. Mir blamieret uns vor alle Gutgläubige! Du muasch des abstella! Im nächschta Johr muasch du auf dr Hoilig Goischt aufbassa. Du bringsch mir den schießenda Übeltäter, der soll mi mol von ra andra Seite kennalerna! Dem lies i dia Levita, des kasch mr glauba!«

Im Johr drauf wars wiedr soweit. Alle hont sich scho wochaweis vorher wieder ghörig auf dia Hemmelsjagd gfreit. Und au en dem Johr war d Stimmung toll, ähnlich wia bei dr Fasnet z Auladorf. Ein Horrido en alle Gassa, auf alle Stroßa, em himmlische Wald, auf alle himmlische Wiesa und Feldr. Ausglassa hont alle gfeiret und sind mitnand auf d Jagd.

Und tatsächlich, ma kas schier it glauba, fallt wiedr so en vermaledeita Schuss. Dr Heilig Goischt vrschüttlets ganz. Beinoh hätt dr Schuss ihn troffa. Dr Schreck hockt em en alle Glieder. Dr Petrus gucket sich schnell um und sieht grad, wia dr heilige Josef sei Gwehr nochladet. Dr Petrus schtellt den Josef zur Rede: »Menschenskind, Josef, sei doch it so nachtragend! Kasch es dem Heilig Goischt bis zum heitiga Dag it verzeiha!?«

Wenn d Weihnachdszeit beginnt

Edi Graf

En alter Ma mit Leierkaschda
Spielt, wenn d Weihnachdszeit beginnt.
De Leut bressierts, se send am haschta,
Koiner hört, was er do singt.

Nur a Büble, des bleibt standa,
Mit seim Teddybär em Arm.
Er hört still den Musikanda
Und ihm wirds uf oimol warm.

Er singt alte Weihnachtslieder,
Wenn d Kälte draußa bitter klirrt,
Singt se laut und emmer wieder,
Wenn des Fescht zur Fete wird.

Klinget Glocka oder Kassa,
Jetzt, wenn d Weihnachdszeit beginnt?
Er stoht einsam und verlassa
In dr Kälte duss em Wind.

»Macht hoch die Tür«, des Liedle singt er,
Doch er bleibt draußa, ganz alloi.
Des Büble lächelt, oimal winkt er,
Noh goht er fort: »I muass etzt hoi'.«

Dr Leierkaschda klimpert wieder,
Gschenkle werdet hoimwärts bracht,
Doch er hot bloß seine Lieder
Ond des Lächla in dr Nacht.

Plötzlich kommt des Büble wieder,
Hot en Euro in der Hand,
»Meh han i ned für deine Lieder,
Spiel doch weiter, Musikand!«

KENNET ENGEL FLIAGA?

BERNHARD BITTERWOLF

Zur Mama kommt dr kloine Bua,
A Frog, dia losst em gar koi Ruah:
»Du, Mama, kennet Engel fliaga?
Vielleicht sogar au Kinder kriega?«
»Warum etz stellsch du mir dia Frog?
Weils Flieaga isch jo gwieß koi Plog
Für d Engel, weil se Flügel hend!
Etz kennsch dia Antwort, lieabes Kend!«
Dr Sohn drauf runzelt stark sei Stirn:
»Des will mir aber it ins Hirn.
Wia schtohts um unsre Küchahilfe Lotte –
Des isch jo gwies a junge, flotte!
Ka dia au fliaga, Mama, sag.
I des etz scho gern wissa mag!«
»Dummer Kerle, denk doch dra,
Ohne Flügel niemand fliaga ka.
Wia kommsch auf d Lotte, kloiner Wicht?
Komm, sags gradraus mir ins Gesicht!«
»Mama, geschdern hot dr Papa
Dr Lotte, hinterm Haus im Schatta,
Leise gsagt: Du bisch mein Engel!
Bin i etz en böse Bengel,
Weil i des ghört hon neababei?
D Lotte hot sich gfreit drbei!«
Entgeischderd guckt se a den Sohn,
Etz kennt se wärle koi Pardon!
Drum sagt se ema raua Ton:
»Dann fliagt se – und zwar morga schon!«

DR MA IN SEIM SCHNEEPFLUG

EDI GRAF

Seit Wocha wartet seine Kinder
Scho uf da erschte Schnee,
»Oh, Babba, wenns bloß schneia dät,
Des wär halt oifach schee!«

Als Kind, do hot er ao oft träumt,
Von dera weißa Pracht,
Doch heit guckt er zum Himmel nuf:
S ka sei, es schneit, heit Nacht!

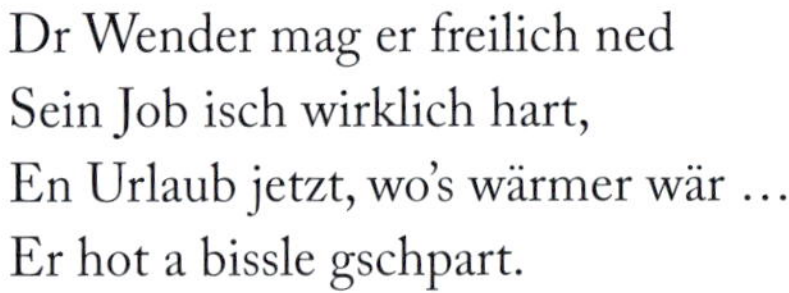

Dr Wender mag er freilich ned
Sein Job isch wirklich hart,
En Urlaub jetzt, wo's wärmer wär …
Er hot a bissle gschpart.

Doch hot er Kinder ond a Frau,
Die lässt er ned em Stich,
Er fährt halt wieder en da Schnee,
Denkt oifach net an sich.

Der Ma im Schneepflug, der muß naus,
Alloi uf dr Strooß em Wald,
Bei Glatteis muss er aus em Haus.
Ond s Lenkrad isch eiskalt!

Er schippt da Schnee, macht d Stroßa frei,
Woiß, dass a Kerzle brennt.
Ond gern kommt er am Morga hoim –
S isch wieder mol Advent!

I MAG SCHNEE!

AUSM TAGEBUACH VOMA SCHNEEFREUND

BERNHARD BITTERWOLF

1. Dezember: Gott sei Dank! Des wär gschafft! Heit send mir ins neue Haus eizoga. Raus aus dem Neabel am Bodasee, nauf auf d Schwäbisch Alb in d Sonna! Etz ka dr Winter mit ganz viel Schnee komma! I mag Schnee!

2. Dezember: Und scho fangts a schneia. Scheene große Schneeflocka fallet vom Himmel. Des sieht toll aus! De ganz Landschaft isch mit Schnee bedeckt. Mir isches no viel z wenig.

3. Dezember: Mir hont ganz arg nette Nochbr. Mit em Helmut, meim Nochbr von dr Kloseita, hon i heit lang gschwätzt. Er moint, es käm no viel meh Schnee. I frei me drauf!

4. Dezember: Leider hots heit Plusgrad. Dr Schnee schmilzt. Des isch so schad! Dr Helmut moint, i soll mi it ärgra, es käm no meh Schnee. Meh, als mir lieab wär. Des ka it sei. I frei mi auf weiße Weihnachda!

5. Dezember: S schneiet! War im Suprmarkt. Hon mir a Schneeschaufel kauft. Etz gohts los. Schneeschaufla isch a guads Training und macht richtig warm. I frei mi!

6. Dezember: En knappa halba Meter Schnee hots über Nacht gschneit. Alles glizret, alles funklet. Dr Helmut verzählt von harte Winter in de letschde Johr. Sei Begeisterung über den Neuschnee isch bloß halba so groß wia meine.

7. Dezember: Mein Daimler hon i heit gega en Allrad-Skoda eidauscht. Beim Eisteiga ins Auto bin i ausgrutscht und auf mein Hintra gfalla. Hot sakrisch wehdua! Mei Frau hot me ausglacht. Des war ganz und gar it nett!

8. Dezember: Heit Nacht hots scho wieder gschneiet. Übr en Meter von dera Pracht flagget im Hof. I muaß schaufla wia en Blöda! Kaum hon i mei Eifahrt freigschauflet, kommt der kommunale Schneeräumdienst. Der Schneepfluag schiebt alles wiedr zua. So en Depp!

9. Dezember: Und no meh Schnee über Nacht! Wo der bloß herkommt? Etz hon i meinra Frau als vorweggnommenes Weihnachdsgeschenk was Fantastisches bsorgt. Was? Nadierlich a zwoite Schneeschaufel. Ihra machts Schneeschaufla leider koin so en Spaß wia mir. Se bruddlet und maulet. Se moint, am Bodasee seis au im Winter schee.

Vielleicht hot se jo Recht?!

10. Dezember: S isch brudal kalt! Minus 20 Grad! Schneeschaufla macht warm. Scho wieder Ärger mit dem Schneepflug. Kaum bin i fertig, schiebt er alles wieder zua. Absicht?

11. Dezember: Vorsichtshalber hon i mol dr ganz Kühlschrank mit Fressalien gfüllt. Sieba Kästa Bier auf Vorrat hon i au kauft. Ma woiß jo nia …

Mei Frau moint, i soll den alta Holzofa in dr Kucha in Betrieb nemma, falls dr Strom ausfallt.

Stromausfall! So en Blödsinn, mir sind doch auf dr zivilsierta, hochtechnisierta Schwäbische Alb drhoim und it im Badische!

12. Dezember: Stromausfall! Uns frierts! Gott sei Dank find i no a Beig Holz em Schopf vom Vorbesitzer. Dr ganz Tag hon i gschauflet. Ohne Strom gibts au koi Fernseha. Bei Kerzalicht hocket mir in dr Kuche und gucket uns a. Mei Frau sieht ganz schee alt aus. Seit wann hot se denn dia Runzla und des Doppelkinn?

13. Dezember: Dr Helmut hot a dieselbetriebene Schneefräs. Der hot leicht lacha! Dia 30 Zentimeter Neuschnee schafft dia Fräs im Nu. Ausleiha goht it. Er braucht sei Fräs dr ganze Dag selber, sagt er. Vielleicht doch koin so en netter Nochbr?!

14. Dezember: Immer no koin Strom. Mei Frau wird von Tag zu Tag narreter. Drei Pullover übereinander wärmet se. Mei Frau sieht ganz schee dick aus!

Hon versucht, a Schneefräs zum kaufa. Alle ausverkauft. Erst im April kommet wieder welche rei, sagt der Fachverkäufer. Der will mi bloß ärgra!

15. Dezember: Neuschnee! Alle Kinder im Dorf freiet sich. Aber kois von dene Goofa will mir beim Schneeschaufla helfa. Schlittafahra sei schöner! Mir hond wiedr Strom. Mei Frau gucket mi so komisch von dr Seita a. I dät gar nemma mit ihra schwätza, moint se.
Koi Zeit, muaß Schnee schaufla!

16. Dezember: S schneiet! Der kommunale Scheepflugfahrer hots auf mi abgseah! Immr wenn i unser Eifahrt freigschauflet hon, kommt der mit Karacho d Stroß runter und schiebt mir alles wieder aufs Grundstück. I glaub, der schtoht hinter dr nächsta Stroßakreizung und wartet bloß drauf, dass i fertig bin. Den knöpf i mir vor!

17. Dezember: Mit meim alta Schrotgwehr schtand i im Hausgang und wart auf dr Schneepflug. Obwohl s schneiet, kommt er heit it.

Mei Frau moint, i häb nemme alle Tassa im Schrank.

Selber!

18. Dezember: Saukalt isch. Dr Spaß beim Schneeschaufla losst merklich noch. Mir dont alle Knocha weh.

Dr Helmut lachet. So seis halt auf dr Alb!

Schwätzer!

19. Dezember: Der Schneepflugfahrer schtoht mit ma Kässle vor der Haustür. Er sammlet für a Dorfkinder-Winterfreizeit. I hon ihm mei Schneeschaufel auf dr Grend gschlaga. Etz isch er beleidigt. Selber schuld!

20. Dezember: Weils so kalt isch, zieah i mi warm a. A lange Unterhos, Trainingshos und drüber a Schneehos; zwoi Pullover und gfütterte Gummistiefel. Kaum bin i azoga, sott i biesela.

Langsam nervt der Schnee!

21. Dezember: Wiedr schneiets. Dr Helmut schwätzt nemme mit mir seit i versucht hon, sei Schneefräs zum klaua.

Komischer Typ. Älbler!

22. Dezember: Mei Frau isch auszoga. Sie will d Scheidung und unbedingt wiedr zrück an dr Bodasee. I hätt gar koi Zeit meh für sia. Koi Wunder, i muaß jo au Schnee schaufla!

Neuschnee isch agsagt!

23. Dezember: Des Johr brauch i also koi Weihnachtsgschenk für mei Frau. I käm au nemme raus aus meiner Eifahrt, weil dr Schneepflug en riesagroßa Schneehaufa vor meim Haus abglagert hot.

Wenn i den Fahrer verwisch …

24. Dezember: Schnee, Schnee, Schnee. Alle Wasserleitunga sind eigfrora. I gib auf, hol a Flascha Schnaps ausm Kühlschrank und mach a Feuer im Holzofa.

Schnaps – Holz in Ofa, Schnaps – Holz in Ofa.

Eigschlofa!

Scheints hot mei Haus brennt. Mir wars schee warm. D Feuerwehr hot mi grettet.

25. Dezember: Des Bett, in dem i lieg, isch woich und warm. Des Zimmer isch schneeweiß gstricha. I mag dia schneeweiß Farb it!

26. Dezember: Ganz plötzlich hon i ganz viele neue Freund. Alle sind se weiß azoga. De moischde hond sogar en Doktortitel. Se nennet sich Psychiater, Psychologa oder Psychotherapeuta.

Zum Essa gibts viele farbige Tabletta. Dia schmeckat it schleacht.

Dia Zwangsjacke isch agnehm warm!

Wenns Weihnachd isch, no muass i hoim

Edi Graf

I mag da Frühling an dr Spree,
Doch liaber noh am Bodasee.
Ao da Sommer am Meer,
Den mag i sehr.
Ond färbt em Herbst sich bunt dr Wald,
Spür ich des Hoimweh, und woiß: bald …

Bald isches so weit,
Sobalds wieder schneit,
Wenn die schdille Zeit beginnt
Ond s alde Johr sein Abschied nimmt,
No woiß i, jetzt isch an der Zeit,
Etzt muass i hoim, zu meine Leit.

I mag da Sonnaschei em Mai
Ond wenn der Frühling isch vorbei,
Lockts mi en dia Welt weit naus –
Oft weit weg vom Elternhaus.
Doch wird des Johr so langsam alt,
Dann han i Hoimweh, ond woiß: bald …

Bald isches so weit,
Es isch Weihnachdszeit.
Ond bin i ao fort,
Es gibt bloß oin Ort …
Ond was i denk, des sag i koim:
Wenns Weihnachd isch, no muass i hoim.

BLEIB GSUND UND GFRÄS

BERNHARD BITTERWOLF

Wenn i em Advent, um Weihnachda rum und vor em Johreswechsel frühr an dr Hand von meim Babba durchs Ort glaufa bin, hon i me immr gwundret über den Satz, den mein Vaddr als Gruaß zu Bekannte und au zu Fremde gsagt hot, nämlich: »Bleib gsund und gfräs und viele Däg em Sonndigshäs!« Dass ma jemandem Gsundheit wünscht, des war für mi als kloiner Knirps ohne weiteres nochvollziehbar. Aber was isch gmoint, wenn ma zu ra wildfremda Perso sagt, er oder sui soll »gfräs«, also »gefräßig«, sei?

Ma muaß wissa, dass sotte Segenssprüch – ond om nix anders handelt s sich bei deara Aussag – en Zeita entstanda sind, in dene des harte tägliche Leaba bloß a gotzigs Ziel ghett hot: Dia vielköpfig Familie, dia obends nochm Schaffa um dr Tisch rumhocket, sott satt werra. Häufig isch am Tisch au no s Gesinde vrsammelt gwäa und, ob du s glaubsch oder it, alle hont ghörig Hunger ghet! Domols hot man au it Kaloria spara wella, eher em Gegadoil! Des körperliche Schaffa hot Kraft und Energie kostet.

Unser Mundart isch jo manchmol scho a bissle derb, bringt aber den Gedanka immer auf dr Punkt! Em Klartext hoißt des also, dass mit dem Wörtle »gfräs« it, wia ma em erschta Moment denka dät, unser hochdeitsches »gefräßig« gmoint isch, sondern drhinter steckt ganz oifach dr Wunsch, dass alle gnuag zum Fressa, also zum Essa hont. Alle sottet satt werra und it darba müssa. Des isch eigentlich en ganz scheena Wunsch, oder it?

S Scheenste an dem Gruaß von meim Vaddr aber isch dia dritt Aussag: »Sei möglichst viele Däg em Sonndigshäs!«

Dozua muaß ma wissa, dass en meinra Jugend ganz gnau zwischa Sonndigs- und Werfdigshäs unterschieda worra isch. Trachtaträger kennet nadierlich bis zum heitiga Dag a Festtags- und a Schaff- oder Alltagshäs. Sotte Traditiona sind zwischazeitlich ausgstorba. Heit ganget manche Leit – egal ob s Sonndig oder Werfdig, also Werktag, isch – en dr Tschogginghos auf d Gass. I dur s it!

En meinra Kindheit hommr noch em obligatorischa sonntäglicha Gottesdienstbsuach s guade Häs auszieha müssa, domit mir s it verdrecklet hont. S wär wärle schad gwäa, het so a Sonndigshemed beim Spiela en dr Wies en Grasmoosa, also en grüana Fleck, krieagt. Des hot d Muadr unbedingt vermeida wella. Für uns Goofa hots dann ghoißa: Raus ausm Sonndigs-, nei ens Werfdigshäs, en dem ma während dr Woch seinra Arbet nochganga isch. Wenn mei Gegaüber den Wunsch hört, er oder sui soll möglichst viel Däg em Sonndigshäs verbringa dürfa, isch vollkomma klar was drmit gmoint isch. Em Sonndigshäs wird auf gar koin Fall gschafft! Em Sonndigshäs gang i bloß de scheene Beschäftigunga noch: essa, trinka, schwätza, singa, danza, leasa. Em Sonndigshäs ka i au mol faul aufs Kanapee flagga. Em Sonndigshäs dur i all dia Sacha, an dene i a Freid hon. I hon also viel, ganz viel Zeit für mi.

Weil des so en scheena Wunsch isch, hon i den au en a klois Liadle eibaut. Des Wort »ade« em Refrä kommt übrigens wia viele andre Begriff en unsrer Mundart als Lehnwort ausm Französischa und goht auf des französische »à dieu«, also »mit Gott« zruck. So a Aussag sott ma viel öfter en dr Mund nemma!

Du woisch bestimmt, was i dir heit wünsch?

Bleib gsund und gfräs und viele Däg em Sonndigshäs! Ade!

Ade, bleib gsund und gfräs

Musik und Text: Bernhard Bitterwolf

1. Ade, ade, ade, ade.
Guad Nacht mitanand,
Mit eich ischs schee!
Uns sagt dr Vrstand:
So Stunda bräucht s meh!

Meh lacha, meh singa,
Ma kas it vrzwinga,
Drum isch es etz Zeit,
Es duat alle leid!
Ade, ade, ade, ade!

2. Bleib gsund, bleib gsund …
I wünsch dir etz:
Komm du guad hoi!
Koin Stress und koi Hetz,
Koin Stolperstoi!

Bleib gsund und au gfräs
Und im Sonndigshäs,
Hab allzeit viel Spaß,
Sonst fehlt dir jo was!
Ade, ade …

Coronafreie Feschddäg?

EDI GRAF

Obs des Johr in dr Weihnachdszeit
Coronafreie Feschddäg geit?
Des bleibt bis kurz vor Weihnächd offa,
Doch i bleib negativ, wills hoffa!

Bloß, wenn der VfB duad kicka,
Do duad mr d Leit ens Stadion schicka!
Corona hin, Corona her!
DAS »Tor!« isch schuld an dem Malheur!

Dr Weihnachdsmarktverkaufsbeschicker,
Den trifft Corona noch viel dicker.
Er jammert übern Minischteer:
»DER Tor isch schuld an dem Malheur!«

Des Weihnachdsfeschd goht in die Knie,
Weil viele beim »Spaziergang« hie
Ond da sich stellet oifach quer!
DIE Tor' sind schuld an dem Malheur!

Drum merke, wenn du gern duasch dichta,
Duasch Älles nach dem Gender richta,
Nur beim Wort »Tor« ischs grad egal:
Das, der und die Tor – s bleibt fatal!

AM KRIPPLE

EM HÜLZERNE KRIPPLE …

EDI GRAF

I mecht Di gern mitnemma zu den schenschte Krippena em Ländle. A Krippafährtle vo Raodaburg ieber Rottweil noch Oberschdadion ond von Ieberlenga nuff noch Ellwanga ond zrugg noch Hechenga. Krippena ghöret bei ons em Schwobaländle zua Weihnachda wia dr Chrischtbaum zum Heiliga Obed. Vor allem s katholisch Oberland gilt als Krippalandschaft, en Haufa barocke Schätz oms Jesuskindle, d Hirta, da Ox ond s Esele findesch du en de Klöster und Kircha. En ganz viele Flecka hend ao Hauskrippenna Traditio. Mir machet jetzt a Fährtle zu de schenschde schwäbische Krippena zwischem Necker ond em Bodasee ond vom Bussa bis zom Zoller.

Los goht's z Raodaburg am Necker, wo dr Stadthischtoriker Dieter Manz in seim *Rottenburger Krippenbuch* als oine vo de »großen Krippenzentren des Landes« beschrieba hot. Dia weihnachdlich Ausschtellong im Raodaburger *Sülchgau-Museum* zoigt a baar vo dene ortstypische Hauskrippena und mordsmäßige Kirchakrippena. Dia azogene, moischdens mit Wachsköpf ausgschdattete Figura standet uf dreidimensionale Krippaberg aus Rupfa ond Leinwand. Am beschda gfallet mir dia Figürle vor dr *Kalkweiler Krippe*. Dia sind uf ma Platz von drei mol zwoi Meter ufbaut!

Ao dia *Klausakrippe* mit ihre Heroldsengel aus em 18. Johrhundert, wo in dr Raodaburger Pfarrkirch St. Moriz aufbaut wird, isch schee zom Agugga. In dr Krippe im Raudaburger Dom isch sogar d Wurmlinger Kapell zom sega. Do miasset dia Hoilige Drei Keenig samt ihre Kamel durchs gelbe Stadtschild vo dr »Kreisstadt Rottenburg – Ortsteil Bethlehem«. Am bekannteschta isch aber s Kripple en der *Wallfahrtskirche Zur Schmerzhaften Mutter Gottes* im Raodaburger *Weggetal*. Onser greeschter schwäbischer Dichter, dr *Sebastian Blau* hot *s Weggetaler Kripple* in seim Gedicht osterblich gemacht:

Em hülzerne' Kripple uf Heu ond uf Straoh,
do leit es ond strablet ond lachet so fraoh …

… so hot dr Altmeister vo de schwäbische Mundartgedichtle dia Szene em Raodaburger Schwäbisch gschrieba. In dr Biedermeierzeit hot dr Weber ond Laienkünschtler Leopold Lazaro des Kripple als Hauskrippe gschaffa. So gega 1850 send dia ogfähr 150 bekleidete Figura aus em Gasthaus *Waldhorn* als Stiftong ins Weggetal komma. Do kasch du vo Weihnachda bis Lichtmess vier ganz unterschiedliche Szena agugga.

In dr alta Krippastadt Rottweil gibts in dr *Kapellenkirche* oine vo de älteschte Bretterkrippena im Schwäbischa, a spätbarocke *Kulissenkrippe* mit flache Brettfigura. Aus em Nachlass von de Jesuita isch z Rottweil a *Spielkrippe* erhalta blieba: Des barocke »Herrenkramers Kripple« hot sein Nama von seim Besitzer Franz Josef Kramer. Zu dem hot mr wega seim Umgang dr *Herren-Kramer* gsagt. Manche von dene Figura ka mr »durch Führungsrinnen an Drahtstäben von der Rückseite des Krippenberges« bewega, wia dr Rottweiler Hischtoriker und ehemalige Stadtarchivar Winfried Hecht in seim Buach *Die Herrenkramersche Krippe in Rottweil* schreibt. Dr Küfer, dr Büttel, s Annamaregle, dr Kemichfeger, dr arme Kapuziner, dr Doktor Eisabart ond a baar Stabfigura werdet so lebig gmacht. Sie sen d Hauptfigura en ma Krippaspiel, wo en seine Lieder ond Versle da Alldag von früher beschreibt. S *Herrenkramers Kripple* kasch du en dr Weihnachdszeit em Stadtmuseum z Rottweil agugga, fürs weihnachdliche Spiel im Kripple musch für d Spielzeita kostalose Platzkarta bschtella.

Z Oberstadion em Alb-Donau-Kreis hot dr Verfasser von dem Weihnachdsliedle *Ihr Kinderlein kommet*, dr Christoph von Schmied, als Pfarrer gschafft. Heit kasch du em Krippamuseum z Oberstadion en dr denkmalgschützta Pfarrscheuer s ganz Johr über dia Krippaschätz agugga. Do gibt's a Südtiroler *Blockkrippe* aus Zirbelkiefer, a Oberammergauer *Jahreskrippe* mit elf Stationa ond a italienische *Tag-und-Nacht-Krippe* mit Morgarot ond Sternle am orientalischa Himmel. En ra Oberschwäbischa Krippalandschaft mit Backhaus, Ställ und Mühle zoigt a Wegschild ned en d Nochbergmoind Emerkinga, sondern ens ferne Morgaland. Dia ganz Vielfalt vo dr Krippakunst zoiget a *Setzkastenkrippe*, a *Tiroler Kastenkrippe*, a *Schneekrippe* ond a *Felsenkrippe*. Ond en ra über 170 Johr alda Krippe aus em Kloschter Aachen winkt s faschd lebensgroße Jesuskind mit seira rechta Hand. Die Wachsfigura in dera Großkripp sind meterhoch, dr Schtall wiegt alloi zwoiahalb Tonna, ond uf em Bild drhinter siehsch bis zum Bussa, em Hoiliga Berg vo Oberschwoba.

Do doba, en dr Wallfahrtskirch *St. Johannes Baptist auf dem Bussen,* z Offinga, wo noch Uttenweiler ghört, kasch en dr Weihnachdszeit Krippena aus dr ganza Welt agugga. D *Bussenkrippe* selber zoigt dia Gschicht vo de Wallfahrta auf da Heilige Berg. Ebbes bsonders onder de schwäbische Barockkrippa isch dia Kirchakrippe in *St. Christina* z Raveschburg. Dia farbig gfasste, wertvolle Holzfigura sollet aus dr erschta Hälfte vom 17. Jahrhundert schtamma und zählet zu de älteschte sodde im Ländle.

Sogar onder Denkmalschutz schtandet dia eindrucksvolle Krippenfigura vo dr *Benediktinerinnenabtei St. Erentraud* z Kellenried im Kreis Raveschburg mit ma Verkündigungsengel, wo emmer lacht, ond de andere 80 Zentimeter große, azogene Holzgliederpuppa mit ihre scheene Wachsköpf.

S ganze Johr bsuacha kasch du da *Krippenweg* vo de Franziskanerinna im Kloster z Bo'landa em Kreis Biberach. En dr großa Krippalandschaft vo dr *Bonlander Barockkrippe* kasch sogar spaziera laufe ond dia über 370 alte Figura in 16 Szena agugga, samt 120 Viecher ond em *Bonlander Nashorn* im Keenigszug. Bloß a baar Kilometer von Bo'landa weg hot mr en dr ehemaliga Reichsabtei z Gutazell scho 1704 a *Dreikönigskrippe* in dr Pfarrkirch uffgstellt. Später sind weitere Figuragruppa entstanda, und wo mr en dr Säkularisatio d Krippena verbota hot, hend se dia Figur versteckt ond mr hot se erscht später bei Renovieronga wieder entdeckt. Heute kasch dia *Gutenzeller Barockkrippe* mit ihre Großfigura während dr Weihnachdszeit in dr *Kirche St. Kosmas und Damian* z Gutenzell agugga.

Viele Kloschterkrippena sind während dr Säkularisatio als Hauskrippena in d Familia komma, ond oft schbäter dann über Stiftunga in d Kircha. Drum ganget mir etzt ao gschwend ens Badische, allerdings ans Schwäbische Meer, wo's z Ieberlenga sogar a oberschwäbische Krippe gibt. En dr *Historischen Krippensammlung* im *Städtischen Museum Überlingen* gibt's ao Krippena, wo en dr Region agsiedelt sind ond wo d Heilig Familie durch da Ieberlenger Blattern-Graba noch Ägypten flieht. Em *Nikolausmünster* hemmer glei drei Krippaschätz, ond dr Barny Bitterwolf verzehlt emmer gern von dem Hirt, wo dr oberschwäbischa Bildhauer Jörg Zürn geschnitzt hot ond wo em Überlinger Münschter em Hochaltar Sackpfeif schpielt. Dia Anbetung von de Hirta ghört zu de Moischderwerk vo dr Renaissance.

Aus ma Familiabesitz isch 1982 da *Barockkrippe* ins Münschter komma, wo an Weihnachda in dr Schutzengelkapell ufbaut wird. Dia Figura ghöret in ihrer Pracht zur schönschta barocka Krippakunschd am Bodasee und du schtaunsch über dia Szena mit Königstross, himmlischem Hofstaat, Baura, Hirta, Soldata und Adlige samt gschorenem Pudel und höfischer Tracht.

Dia dritt Münschterkrippe hot über 170 brannte Terrakottafigura, wo um 1800 rom dr oberschwäbische Keramiker Anton Sohn gstaltet hot. Weil se z Zizenhausa bei Stockach entstanda sind und dr Künschtler Sohn ghoißa hot, isch se ao als *Zizenhauser- oder Sohn-Krippe* bekannt. D Leuit saget zu dera aus Ton backene Kripp ao *d Bachene*.

Etzt gugget mr no en da nördliche Schwarzwald ond an d Jagschd. Dia *Neapolitanische Krippe* mit ihre bunt azogene Terrakottafigura, wo z Weihnachda in ra Mauernische von *St. Michael* z Lauterbach bei Schramberg schtoht, ghört zu de echte Geheimtipps im Schwarzwald.

Z Ellwanga an dr Jagschd kasch du im *Schlossmuseum* zwoi prächtige Barockkrippaszenen agugga. Dia *Stubenvollkrippe* mit über 100 Figura in zum Doil zeittypischer Kleidung hoißt so noch de Moler Anton und August Stubenvoll und zählt mit dr Hochzeit von Kana zu de bsonders scheene Krippadarschtellunga. Dia um 1760/70 entstandene Figura hend Wachsköpf ond fantasievolle Gwänder. S gibt en prächtiga Festsaal, en dr Kuche wird bacha ond s schtoht sogar en Guglhupf uf em Deller. Drzua na kasch uf em *Ellwanger Krippenweg* von Heiligobed bis Lichtmess no meh Weihnachdskrippena in de Kircha und Kapella agugga, zum Beischpiel dia *Arme-Leute-Krippe* im Kreizgang von dr romanischa *Basilika St. Vitus*.

Ebbes ganz Bsonders noh am Schluss vo onserm Krippafährtle: Dia Barockkripp in dr ehemaliga Franziskanerkirch *St. Luzen* z Hechinga füllt faschd da ganze Chorraum aus ond schdammt mindestens aus em

Johr 1842. Dia Zahl isch em Aug voma Hirt überliefert, wo mr aus em Zeitungsausschnitt vom *Schwarzwälder Boten* 1842 gmacht hot. Dia fast meterhohe Holzgliederpuppa hend koschtbare Kloider a und dia Hoilige Drei Keenig send seit dr Coronazeit scho an Weihnachta beim Jesuskind *em hülzerne Kripple.*

Ob dia Figura da Mindeschtabschtand eihaltet, woiß i ned, aber i hoff, du hosch uf onserm Krippafährtle ao koi Mask meh ufsetza müaße! Wo i des Gschichtle gschrieba han, war Pandemie, ond i wünsch dir ned bloß s Chrischtkendle ens Herz, sondern ao »normale« Weihnachda. Ond drum hör i uf mid ma kloina Gedichtle zu de Traditiona an Weihnachda – vor ond noch Corona:

Es sind em ganza Schwobaland
En Haufa Weihnachdsbräuch bekannt:
So gibts em Oberland do droba
Da scheena Brauch vom Chrischtbaumloba,
Ond s Chrischtkendle wünscht mr ens Herz.
Am Hoiligobed – ohne Scherz –
Gibts Brotwurscht ond ao Kassler Ripple
Ond s Chrischtkendle, em hülzerne Kripple …

FOLG DEM STERN!

BERNHARD BITTERWOLF

Au an dem saukalta Obend hockt er wiedr draußa am offena Fuir und duat, was er besser ka als alle seine Freind: Sebastian, dr Goißabauer vom Federsee bindet Strick aus Seegras, dem Material, aus dem d Hirta und d Baura in dr Gegend scho seit jeher Schuah flechtet, Säck zum drauf schlofa füllet und Schutzhülla für Tonkrüag machet. Dia Strick vom Sebastian geltet als bsonders reißfest, drum werret dia junge Goißa gern mit seine Strickla apflockt und au dia ausgwachsene Goißböck werret mitm Sebastian seine Strick festbunda. Jo, Strick flechta, des ka dr Sebastian, des wisset alle ringsum.

Neaba seinra Arbet her gucket dr Sebastian nauf in dr nachtblaue Himmel. Er sieht au in dera Nacht den hella Stern, der scho seit a baar Wocha über dene oberschwäbische Felder stoht. Immer uruhiger wird dr Goißabauer. Am nächsta Morga, in aller Herrgottsfrüha, stoht er auf und sagt ade zua seine Freind: »Ich guck mol, wo der hella Stern mi naführt. I hons Gfühl, der will mir ebbas zoiga. Seiet mir it gram, i lass eich alloi und folg dem Stern!«

Wochalang, über viele Monat und Johr weg isch dr Sebastian, dr Goißabauer vom Federsee, untrweags. Sei Essa und Trinka verdient er mit Strick und gflochtena Sacha, dia er aus trocknete Pflanza, dia am Wegrand wachset, gfertigt hot. Der Stern, der jede Nacht überm Sebastian stoht, führt en ge Judäa, a Land, des ziemlich abgleaga im Süda liegt. Alt isch er worra, dr Sebastian, auf dera langa Wanderung.

Abr au in dera öda und karga Landschaft hot er schnell Aschluss gfunda. Em Sebastian seine nuie Freind, dia Ziega- und Schofhirta vo Judäa, lobet seine Flechtkünste über dr Schellakönig num.

Und wiedr isches Nacht worra. Im Krois von dena Schof- und Ziegahirta hockt dr Sebastian weit weg von seiner Hoimet am offena Fuir, draußa aufm Feld, ganz nah bei ra Stadt, dia Bethlehem hoißt. In dera Nacht sehat au seine nuie Freind den unglaublich hella Stern am Firmament.

»Los kommet, mir ganget!«, sait dr Jüngste von dena Hirta. »I möchte seha, was do botta isch. Der Stern stoht doch do drüba und leuchtet den Stall a!« Uruhig und aufgregt machet sich dia Hirta auf dr Weag und stolpret nei in dia dunkle Nacht. Bloß dr Sebastian isch müad und bleibt am Fuir hocka: »I bleib do, i bin z'alt und z'müad. I bass aufs Fuir auf und wart, bis ihr zrückkommet und mir verzählet, was es do zum seha geit!«

Und – es dauert gar it lang, bis dia Schar Hirta wiedr zruckkommt. En Glanz hot sich übr ihre Gsichter glegt. Sia verzählet voma Kindle, des in ra Krippe drin liegt. Und sia verzählet von dr Mama und vom Babba von dem Kindle, die zwar gar koi Geld und nix hont, abr offasichtlich reacht zfrieda und reacht glücklich sind. Sogar zfriedener und glücklicher als alle andre Leit, dia se bisher kennaglernt hont.

»Von dera Krippe hont mir dir Stroh mitbrocht, damit du au a Adenka an dia Nacht hosch«, sait oiner von dena Hirta und gibt em Sabastian a Büschele Stroh. Em Sebastian seine Händ streichlet vorsichtig übr des Stroh und fanget ganz neabaher mit flechta a. Zwischa seine Finger enstoht aber desmol koi Soil, koin Strick, sondern, s isch wia a Wunder, en kloina Stern. En Stern, der grad so aussieht wia der Stern am Himmel, der dr Sebastian bis doher gführt hot.

Seit dera Zeit erinnert uns jedr Stern aus Stroh an dia oi Nacht. An dia Nacht vor übr zwoitausend Johr, dia alles, abr au gar alles auf dera Welt verändert hot.

S SCHNEIT

MUSIK (LEISE RIESELT DER SCHNEE): VOLKSWEISE
SCHWÄBISCHER TEXT: EDI GRAF

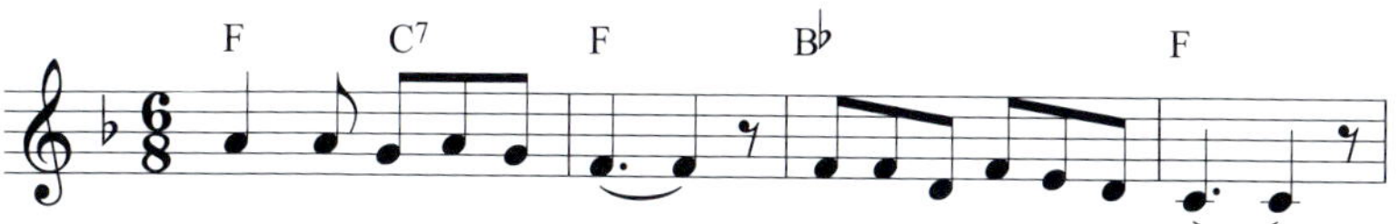

1. S schneit, ond i muaß no naus,
   Bahna em Hof ond vorm Haus.
   Streua des Trottwar ond d Stroß,
   Aus em Wald schellet dr Klos!

2. S schneit, ond älles isch weiß.
   I denk bloß: »So en Sch…nee
   Isch kurz vor Weihnachda schee!«
   S Chrischtkind liegt em Krippelee.

3. S schneit, ond Christmas isch white,
   Dass es so was no geit!
   Grün schtoht dr Chrischtbaum em Saal –
   Ond bloß dr Onser isch kahl!

AUF DR HUND KOMMA

BERNHARD BITTERWOLF

Unsr Hund Pontius, en Setter-Rüde, war scho en d Johr komma. Wia hoißts so schee? Schlecht höra und seha hot er guad könne. Mit em Laufa wars au nemme so weit her. Auf unserm morgendlicha Spaziergang hot er scho noch zwoihundert Meter schlapp gmacht und mi aus seine große dunkle Auga traurig agucket. S war klar: Er hot umdreha und en Ruah en sei Körble flacka wella.

Vor vier Monat wars dann so weit. Er hots Zeitliche gsegnet und isch en dr Hundehimmel komma. Dia Trauer en unsrer Familie war riesig. Dr Pontius war a echts, a vollwertigs Familienmitglied und mir alle hond den Kerle arg vermisst. Oinig waret mir uns alle en dr Entscheidung: Mir dont koin Hund meh her! So groß dia Freid mit ihm war, so tieaf war unsr Schmerz bei seim Ableaba. Des hommr uns nemme adua wella.

Abr wias halt so isch, dr Mensch denkt und s Tierheim lenkt! A Bekannte von uns schafft em Tierheim em nächsta Ort. Nochdem se erfahra hot, dass dr Pontius nemme ondr de Leabige weilt, hot se a baar Wocha gwartet und dann bei uns agruafa. »Bei uns isch en junga, ganz, ganz liaba Pudel. Der isch so süaß und sooo leabig. Den müsset ihr eich obedingt mol agucka!«

Zersch hommr uns gwehrt, abr unser Bekannte hot it luck glau und mit em Noi-Saga hommr s au it so. Kurz: Am nächsta Sonndig hommr dann ein kloina Ausflug ens Tierheim gmacht und was soll i saga? Den Pudel hommr glei ens Herz gschlossa und mit hoim gnomma. A äußerst uruhige Zeit hot domit begonna. Ständig hot dr Fritz, so hoißt des Wollknäuel zwischazeitlich, rumtollt, meine Schlappa agfressa, en Mordskrach gmacht, em Garta große Löcher graba und alle Türa em Haus vrkratzet.

Nadierlich hommr den Hund nemme ens Tierheim zruckbringa könna. Mir wäret uns komisch vorkomma und als hundepädagogische Vrsager dogstanda. Also hommr uns auf dia nui Lebenssituatio eigstellt und s Beste draus gmacht. Mit dr Zeit hommr uns ananand gwöhnt und sind au guad mitanand auskomma.

Bloß oi Sach hon i auf Deifel komm raus it zuaglassa. Der Fritz hot ubedingt sei Nachtruha bei uns em Bett abhalta wella. Abr do isch er bei mir auf Granit gstoßa! Alls was reacht isch, des goht auf gar koin Fall! S hot a Weile dauret, abr dann hot sich des Hundle doch an sei oiges Bettle gwöhnt. Obwohl unsr Zimmrtür bei Nacht immr offa isch, hot der Pudel glernt, wo er schlofa darf und wo it.

A Johr isches etz her. Am erschta Adventssonndig waret unsre Nochbr auf Bsuach bei uns. Au unsre mehr odr weniger erwachsene Kend hont sich vorrübergehend übers Wochaende bei uns eigmietet. Mir sind gmüatlich zammaghocket, s Kerzle am Adventskranz hot brennt, mir hont guad gessa, a baar Lieadle gsunga und vor allem hommr mehrere Fläschla Bodaseewei gleert. S Adventskranzkerzle hommr mehrfach austauscha müssa, weil dr Obend doch arg lang worra isch.

Zur fortgerückta Stond semmr dann ens Bett torklet und glei eigschlofa. Allerdings hon i it lang schlafa könna. Warum it? Noch etwa oinr Stund stoht dr Fritz an meim Bett und jault ganz gottserbärmlich. I bin fuchsteifelsnarret worra und hon mein Schlappa nochm gschmissa. Er hot bloß en kloina Rückziehr gmacht und isch glei wiedr bellend vorm Bett gstanda. Dr Gipfel war, dass der Hundling mit seine kloine Beißerla mir mei warme Bettdecke wegzoga hot. Des goht amol gar it!

Wia en Blitz bin i raus aus meim Nest und schrei den Hund a: »I schmeiß de zur Haustür naus ens Freie. Mir isch egal, obs dussa warm odr kalt isch. Du kommsch mr heit Nacht nemme rei!«

Des hot der Pudel wohl vrstanda und rast, so schnell ihn seine kurze Füaßla hont traga könna, d Treppa na. Und i mit meim schwera Kopf und reichlich Rotwei em Bluat hintadrei. Unda an dr Trepp isch der Fritz dann allerdings it rechts num Richtung Haustür gsprunga, sondern gradaus in Richtung Stuba. Do ischs Jagdfieabr bei mir ausbrocha: »Moi, i krieg de scho. Du entwischt mir it!«

Kaum hon i den Satz vor mi na gschwätzt und en dr Stuba dr Lichtschaltr betätigt, fallt mir siedighoiß ei: I hon vrgessa, des Kerzla aufm Adventskranz aus zum blosa. Und tatsächlich. Dr Kranz hot scho Fuir gfanga ghet und vor sich na gloschdet. Unser Holztisch war au scho akohlt und a stickige Rauchwolk isch en dr Stuba gstanda. Mit em Rest aus ra Rotweiflascha und dann mit ma Oimr Wasser aus dr Kuche hon i den Brand untr Kontroll kriagt. Dia Spura von dem Beinohbrand ka ma heit no seha.

Ganz treuherzig hot mi dr Fritz agucket und mit seim Schwänzle gwedelt. So a guads Frühstück wia selligs Mol hot der Hund mit Sicherheit no nia krieagt.

DR HEILIGE ZIEHVADDR JOSEF

BERNHARD BITTERWOLF

Weihnachd wirds! In dr Kapell
Leichtet d Kerza bsonders hell.
Am Kripple standet se, dia zwoi,
Brüadr, boide groß ond kloi.

Dr Alex frogt sein Bruadr Sepp:
»Etz kommsch en d Schual, drum sei koin Depp,
Erklär mir mol, wer ghört drzua
Zum Stall an Weihnachd, kloinr Bua?

I woiß des, in dr achte Klass!«
Dr kloine Sepp wird do it blass.
Drum zählt er auf, er woiß genau:
»Des Chrischtkend ond d Maria au.

Ochs und Esel, dia Hirta au vom Feld,
Drei Keenig mit Gschenkla, bloß koi Geld,
Josef, dr Vaddr, der heilig Ma …!«
»So,« sagt dr Alex. »Etz kriag i di dra!

It Vaddr, dr Ziehvaddr isch er bloß!
Do gucksch, en deiner Lederhos?«
»Ziehvaddr, Bruadr, jo was isch des?«
Dr Kloi zieht nauf sein Rotz in d Näs.

Dem Großa wirds jetzt flau em Maga –
I ka doch nix von »Jungfrau« saga?
»Unbfleckte Empfängnis« und so Sacha?
So denkt er, ihm isch it zum Lacha.

Er woiß es selbr au it gnau,
Vom Bibeltext wird er it schlau,
Was »Jungfrauageburt« bedeuta könnt,
Krieagt langsam Schwoiß auf seine Händ.

Legt d Stirn in Runzla, stottert rum.
Dr Sepp, der guckt zum Alex num
Und merkt, sein Bruder woiß it meh,
Doch er denkt noch, hot a Idee:

»Ois, des isch doch unbeschtritta,
D Marie isch auf ma Esel gritta,
Ziehvaddr hoißt, so isch mei Wissa,
Der, wo da Esel hot zieha müssa!«

Wieder mol Advend

EDI GRAF

Jedes Johr zum Jahresend,
Wenn mr gern mol Ruhe fänd,
Wenn die »Stille Zeit« beginnt,
Älles rennt und jeder spinnt.

Wenns vor Hektik bloß pressiert
Ond dr Stress da Dag regiert,
Koiner kaum da andre kennt –
Noh isch wieder mol Advend!

DIA GSCHICHT VOM BERNLUPOS, DEM SÄNGER

BERNHARD BITTERWOLF

Mittladrin in Bad Waldsee stoht en hufeiseförmiger Bau, in dem vo 1650 a bis zur Säkularisatio Franziskanermönch ihr Kloster ghet hend. Dia Brüader hont bescheida und reacht ärmlich gleabt. Dia Bürger en dr Stadt hont dia Franziskaner bsonders desweaga meega, weil se so gottgfällig gleabt hont.

En dr ganza Gegend wird a Gschicht verzählt, dia en dr Weihnachdszeit mol bassiert isch:

Bernlupos war dr Sohn voma oifacha Waldseer Wachszieher. Mit dem Wachszieha hot em Bernlupos sein Vadder grad so viel Geld verdient, dass er sei Familie hot über Wasser halte könna. Alles, was des Familienoberhaupt verdient hot, isch draufganga fürs tägliche Essa. Desweaga hont dia Kind, au dr Bernlupos, nia koine Geschenkla krieagt, it am Nikolausobend und it an Weihnachda. Was es aber geaba hot, war en lieabevolla Umgang und a guads Mitanand en dr Familie. Bernlupos isch an de Winterobend oft im Kreis von seinra Familie ghocket. Gegaseitig hot ma sich Gschichtla verzählt und natürlich hont alle mitanand Lieadr gsonga. Von doher wars ganz normal, dass dr Bernlupos, obwohl er nia in ra Schual war, en Haufa Lieadr kennt und sei Stimm kraftvoll und sicher klunga hot.

Eigentlich hot dr Vadder auf dia Arbeitskraft von seim Sohn it verzichta kenna, deshalb isch er scho a bissle verschrocka, als dr Bernlupos gsait hot, er dät gern ins Kloster zu dene Franzsikaner zieha. Dia Mönch hont den gscheida, singfreudiga Kerle gern aufgnomma, weil a guade Stimm im Chor von de Brüader beim Stondagebet guad dua hot.

In sellem harte Winter hot sich dann a Wonder zuatraga in Waldsee! D Muadrgottes Maria isch mit em Jesuskindla auf d Erde komma; als Trösterin von de arme Leit hot se au des Kloster von de Franziskaner bsuacht. Dia waret natürlich ganz ausm Häusle, hont sich in oiner Roiha hinteranand aufgschtellt und dann isch jeder vortreata, um dr Maria und dem kloina Krampa Jesus mit seim Wissa und Könna a Fraid zum macha. Oiner hot a schöne Gschicht verzählt, dia er no aus seiner Kindheit kennt hot; oiner hot a Bibel zoigt, die er oigahändig auf Pergament gmolt hot.

En andera Mönch hot der Gottesmuadr a selberbachets Brot gschenkt und der nächste hot a prächtig verzierte Kerz hergeaba.

Als Letschter en dere Roiha hot dr Bernlupos ganz aufgregt gwartet. Außer seim Gsang hot er jo nix bieta kenna. Als er dann vorglaufa isch, wars em nemme wohl, s Herz isch em schier en d Hosa grutscht. Als er dann aber dem Jesuskindle in d Auga guckt hot, do isch er mutig worra und hot agfanga zum singa. Dia Melodie, dia er von seim Vadder glernt hot, war so überirdisch schee, dass alle Mönch Träna vergossa hent.

Des Jesuskindla aufm Schoß von dr Muadrgottes hot gluckst, kidderet und gradaus naus glachet. Vor lauter Fraid hots mit de Ärmla in dr Luft rumgfuchtlet. Au d Maira hot a weng gächlet und zum Bernlupos gsagt: »Bewahre dir deine Freude an der Musik. Wer singen kann, ist reich, und wer singt, beschenkt seine Mitmenschen reichlich. Musik bringt Freude in die Herzen aller!«

Seit dena Dag wird in Waldsee und in ganz Oberschwaba bsonders zur Weihnachdszeit viel gsunga, denn wer woiß, vielleicht kommt d Maria mit ihrem göttlicha Sohn au heuer wieder vorbei und macht a Bsüchle?

WANN WIRDS MOL WIEDER RICHTIG WENDER?

EDI GRAF

Gugget ao, wias nemme schneit –
Was des für en Wender geit!
Weihnachda mit Frost und Schnai,
Jo, des gibts schon lang ned maih.

Mir hen Sommer em November
Ond Karibik em Dezember,
Uf em Marktplatz statt de Tanna
Stoht a jenseits Palma danna.

Dr Belzmärte schwitzt en seim Gwand,
Und statt Glühwei gibts am Stand
Beim Advendsmarkt – kaum zom fassa –
Caipirinja in de Tassa!

S Christkendle liegt – richtig cool –
En Wendla uf em Liegestuhl.
Dr Kirchachor singt für dia Kender:
»Wann wirds mol wieder richtig Wender?«

Am Kripple en dr Kirch

Edi Graf

Am Sonndich Morga, noch dr Kirch,
Do goht en Vadder mid seim Kend
Uf d Kripp zua, wo grad ufbaut war,
S isch kurz vor Weihnachd, em Advend.

»Jetzt saisch ›Grüß Gott‹ zu dene Leit,
Wo send en Bethlehem em Schtälle!«,
So sait dr Vadder zu seim Bua
Ond der begrüßt se wirklich älle:

»Griaß Gott, du Esel! Griaß de, Ox!
Ond griaß eich Gott, Sepp ond Marie!
Ond griaß de, liebes Jesulein!«
Des Buale, des goht jetzt uf d Knie.

»Griaß Gott, ihr Schäfle, griaß de, Goiß,
Ihr Hirta älle, grüaß eich Gott!«
Dr Vadder guggt nervös uf d Uhr:
Se soddet langsam wieder fott!

»Bloß no dia Keenig älle drei,
Mit ihrm Kamel, vom Morgaland!«
Er sait »Griaß Gott!« em Nama noch,
Ond ao: »Griaß Gott, du Elefant!«

Dr Vadder sait »Mir müesset gau!
Jetzt saisch no gschwend ond brav ›ade‹
Zua dene Leit em Krippele,
No wars amole wieder schee!«

Dr Pfarrer hoggt em Beichtschtuahl drin,
Beobachtet ganz schtill den Bua,
Wia der so nett ond freindlich isch,
Ond horcht em no a bissle zua:

»Adele Esel! Pfiad de, Ox!
Marie ond Sepp, i sag ade!
Adele, liebes Jesulein!
Dei Kripple isch so wonderschee!

Ade, ihr Keenig älle drei,
Ade Kamel vom Morgaland!«
Dr Vadder sait: »Mach nore, jetzt!«
»Adele au, du Elefant!

Ade, ihr Schäfle ond du Goiß,
Ihr Hirta vor em Krippahaus,
Ade, ond bis zum nägschta Mol!«
No ganget se zur Kircha naus.

Am Beichtschtuahl goht ihr Weg vorbei,
Dr Vorhang isch no halber zua,
Dr Pfarrer guckt zum Fenschter naus,
»Adele, Kaschperle!«, sait dr Bua.

VO HIMMLISCHE SPEISA OND EM SANTIKLOS

DIA LEGEND VON DE HERRGOTTS-BSCHEISSERLE – ODER: WOROM MAULDASCHA VON GEBURT AN SCHWÄBISCH SEN

EDI GRAF

Sisch scho a baar hondert Johr her ond kurz vor Weihnachda gwea, wo sich en ma Kloschter em Schwobaländle, ganz knapp neba dr badischa Grenz, folgende Gschicht zuatraga hot: Dr Winter isch kalt ond s zieht gheerig en de Maura vom Zischterzienserkloschter Maulbronn. En der Konventskuche am Kreizgang machet d Mönch Fischschdäble, weil s isch Advent und domit d Faschdazeit vor Weihnachda. Ao sonscht gibt's bei de Zischterzienser koi Floisch von vierfiaßige Viecher, bloß Henna, Enta ond Gees dürfet se essa. Ond nadierlich Fisch. »Flussgmias« sagt dr Bruader Cellerar zua de Fisch. Warum des so isch, erklärt dr Cellerar de Kloschterschüler immer wieder: »Unser Herrgott hot am fünfda Dag die Dierle em Wasser und in dr Luft erschaffa und erscht am sechsda Dag noh dia Viecher mit vier Fiaß und uns Menscha. Was am fünfda Dag gschaffa worra isch, dürfet mir au en de Faschdazeita zu uns nemma!«

An sellem Dag em Advend isch dr Bruader Cellerar arg am Bruddla. Wia soll er ao für seine haufa Briader gnuag Fischschdäble macha, wo vom Karpfa geschdern faschd nix iibrig blieba isch, dia Teich scho zuagfrora sen, ond dia ledschde drei frische Regabogaforella em Kloschterbrunna am Morga dr Graureiher gholt hot! »Koi goozigs Flussgmias meh!«, schimpft er, weil »Flussgmias« sagt er zu den Fisch. »Herrgott! – Jetzt sodd mr fluacha dürfa!«, aber er beißt sich uf d Zong: »Noh langt's halt für d Laiabriader koine Fischschdäble, sondern bloß a brennts Muas. Guat, dass es en dr Faschdazeit bloß oi Essa am Dag gibt!«

In dem Aogabligg kommt dr Jakoble en d Kuche ond bringt em Bruader Cellerar sein Stampfer zurück, wo er en dr Pfischderei vergessa ghet hot. Dr Jakoble isch en jonga Laiabruader und hilft em Bruader Cellerar beim Schbüala ond Abdrockna. Dr Mönch Jakob schtammt aus Maulbronn ond kennt sich aus en dr Omgebung. Drum schickt en dr Bruader Cellerar ao emmer wieder zum Fischa an dia Teich ond Seea, oder an d Salzach ond da Blaubach zom noch Flußkrebs gugga. Doch en dem kalta Herbst und noch dem früha Wintereibruch hot dr Jakoble scho seit Wocha koin Krebs meh gfanga. Ond ao d Fisch beißet an dene wenige Eislöcher ned wie sonscht.

»Oh Jakoble«, sagt dr Bruader Cellerar, während er mit seim Stampfer dia spärliche Rescht von de Karpfa kloi macht. »Was soll i bloß heut wieder kocha?«

Dr Jakoble lacht. So hoißt doch des Liad von dr Ruth Mönch, denkt er. Dr oinzige weibliche Mönch em ganza Ländle.

»Morga isch ao no Freidag, ond d Fisch sen heid scho butzt. Oder besser gsagt: verbutzt«, schempft dr Bruader Cellerar.

»Ao dia Biber?«

Dr Jakoble woiß, dass dr Biber wega seim schuppiga Schwanz en der Kloschderkuche als Fisch durchgoht, ond er hot deswega scho seit Aschermittwoch Biberfalla ufgschdellt. Doch da erschte Biber, wo nem en d Fall ganga isch, hot dr Wolf gfressa, dr zwoite hot dia Hölzer durchgnagt ond isch drvo ond dr dridde war gar koin Biber, sondern a Bisamratt, ond dia hot dr Bruader Cellerar ned wella, weil se koin Schuppaschwanz hot.

»Dia Biber brauchet mr am Sonndig«, sagt dr Bruader Cellerar. »Am dridda Advent gibt's Biber mid Kässpätzle. Dia mag dr Abt, weil er aus em Breisgau kommt, ond do kommt dr Biberleskäs ao her.«

»Ond was isch mid dem Reh, wo mr en da Kloschderteich glegt hen?«, frogt dr Jakoble. »Des isch jetzt beschdimmt so nass, dass mrs als Fisch durchganga lassa könnt.«

»Kasch jo mol gugga, was dia Aal von dem schwimmenda Reh no iibrig glassa hen. I däds püriera ond in ra Fischform arichda, des wär a legitime Faschdaschpeis.«

Also isch dr Jakoble naus aus em Kloschter ond nonder zum Tiefa See, wo se des Rehle ohne Fiaß ens Wasser glegt hen, damit's aussieht wie en Fisch. Ond wie er an dr Kloschtermauer entlanglauft, sprengt uf oimol oiner an em vorbei, wia wenn dr Deifel henter em her wär.

»Haltet den Dieb!«, hot dr Maulbronner Metzger Scheifele gschria, ond isch glei druf ao am Bruader Jakob vorbeigsauet, dem Dieb hendadrei. Ond wie dr Jakoble dene zwoi nochguggt, isch er plötzlich ieber ebbes gschtolperet. Er hot sich grad no fanga kenna, isch schtanda blieba ond hot uf en Sack guggt, wo do uf em Boda glega isch. Er hot sich buggt ond den Sack ufgmacht, hot sei Nas naghoba ond dr Duft von frischem Floisch isch em direkt ens Hirn gschdiega.

No hot er neiguggd en den Sack ond en ma Blechoimer en ganza Bolla gmischts Hackfloisch entdeckt. Ob Rind, Sau, Kalb oder Lamm hot er ned saga kenna, aber er hot den Sack glei wieder zuagmacht, hot guggd, ob dr Scheifelemetzger außer Sicht isch, ond hot den Oimer mid Floisch onder seiner Kutta versteckt. Seither spricht mr en Mönchskreise ao vom Kutteroimer.

No ischer mid dem gfundana Diebesguat zruck en d Kloschderkuche zum Bruader Cellerar ond hot dem sein Fund präsentiert. Allerdings hot er verschwiega, dass der appetitanregende Fund mit an Sicherheit grenzenda Wahrscheinlichkeit aus dr Wurschtkuche vom Ortsmetzger Scheiffele stamma könnt. Er hot zu dera kloina Notlüag griffa, weil dr Jakoble hot des Floisch ja ned gschdohla ghett, sondern bloß gfonda. Ond dr Scheiffele wird des bissle gmischts Hack verschmerza kenna.

»Ond was soll i mid dem Floisch?«, hot dr Bruader Cellerar gfrogt. »Du woisch doch, dass mir Zischterzienser koi Floisch von Vierfiaßer essa dürfet!«

»Awa!«, hot dr Jakoble gsagt. »So a Leddagschwätz! Kasch mr mol sage, wo des Hackfloisch Fiaß hot?«

»Trotzdem! Dr Herrgott sieht älles!«

Ond plötzlich hot der Jakoble a Idee ghet.

»Was der Herrgott net sieht, isch ao koi Sünd und muaß ao it beichtet werra«, hot er gsagt. »Aber a schwere Sünd wärs, wenn mr Essa verderba lassa dätet. Des därf auf koin Fall sei!« Ond no hot er sich vom Bruader Cellerar en Nudladoig geba lasse. Aus dem Doig hot er scheene Viereckle gschnitta, kloine Dascha draus gmacht, wie's em mol en Bruader em Urlaub am Gardasee zoigt hot. En dene Dascha hot dr Jakoble des Hackfloisch klammheimlich verschteggt. Im vergangena Sommer hot er ganz Büschel von Liebstöckel, Schnittlauch und Zwiebelröhrle aus em Klostergarda trocknet. Wo er des

Grünzeug mit altem Brot, Zwiebela und Oier vermischt und onders Hackfloisch gmengt hot, war er sich sicher, dass koi Mensch außer ihm merkt, oder woiß, dass en seine schwäbische Ravioli en Wirklichkeit it bloß Gmias, sondern ao a weng Floisch drenn gwea isch.

»Was isch denn des Guats?«, hot dr Bruader Cellerar gfrogt und voller Fraid an dene Däschla gschnuppret. Dr Jakob hot ersch gar ned gwisst, was er sage soll. Schwäbische Ravioli war em a bissle z gschwolla. Hackbeidl oder Floischdoig hennem ao ned gfalla. Ond weil er sei Erfindung in Maulbronn gmacht hot ond em die kloine Däschla gfalla hen, hot er schließlich gsagt: »Maulbronner Dascha«.

»Wenn scho, no Mauldascha. Des isch für dia maulfaule Esser em Refektorium kürzer und prägt sich besser ei!«, hot dr Bruader Cellerar vorgschlaga. »Hoffentlich meegets dia schwäbische Briader. Du woisch doch, was dr Schwob ed kennt, frisst er ned.«

»I woiß.«

»Und s hoißt ao: Dr liebe Gott woiß alles und sieht alles!«

»Aber ned s Floisch en dr Dasch! Ond was er it sieht, woiß er au ned! Und, des muasch zuageba, des Floisch en dr Dasch sieht mr wirklich ned!«

»Do hosch dr Herrgott ganz schee bschissa, Bruader Jakob! Ama schena Dag sagt mr zu deine Mauldascha no Herrgottsbscheißerle!«

So send also ama scheena Adventsdag vor langer Zeit en dr Kuche vom Zischterzienserkloschter Maulbronn Schwäbische Mauldascha erfunda worda.

Epilog

A baar Johr später isch dr Jakoble ibrigens ens Elsass ausgwandert ond zu ma Orda ganga, wo koine so strenge Faschdaregla ghet hot: Bei de Vegetierier hot er dürfa Floisch von älle Viecher essa, wo sich vegetarisch ernähret. Ond bis heit senget se en Frankreich ihm zu Ehra emmer no des Liad vom »Bruder Jakob«.

Des Liad isch allerdings mit ma ganz andere Tegschd überliefert worda, ond net so, wie en d Kender z Frankreich für da Jakoble gsonga hend:

Bruder Jakob, Bruder Jakob,
Bscheisch du no? Bscheisch du no?
Du verschdeggsch Floischbrocka,
Du verschdeggsch Floischbrocka,
En dem Doig.
En dem Doig.

S isch übrigens a Gligg, dass dr Jakoble gebürtig aus Maulbronn komma isch ond ned aus dr Nochberschaft. D badisch Grenz do droba an dr Enz vrlauft nämlich grad zwischa Bretta ond Knittlenga. Wär der Jakoble koin Maulbronner, sondern a Kieselbronner gwäa, wäred d Mauldascha badisch ond ned schwäbisch!

Ond oins isch klar: Von ma Badener hätt sich dr Herrgott ned bscheißa lassa!

BRUDER JAKOB

MELODIE: VOLKSGUT AUS FRANKREICH
SCHWÄBISCHER TEXT: EDI GRAF

Dr kloine Engel Franz – oder: S Geheimnis um a schwäbische Leibspeis

Bernhard Bitterwolf

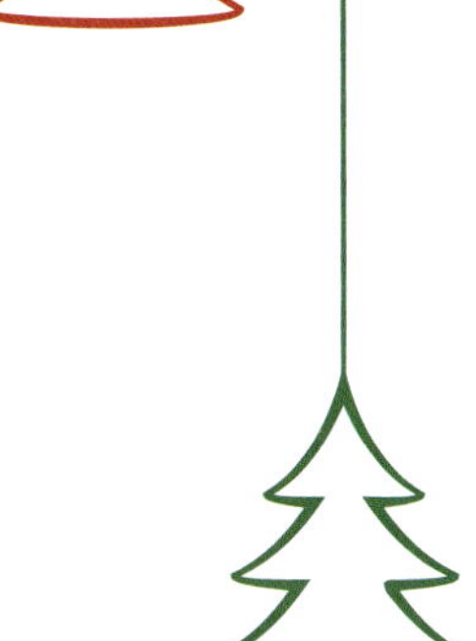

»Wo isch der Kerle etz scho wiedr?«
Aufgregt flattert auf und nieder
Gabriel, dr Oberengel,
Und sucht den Küchaengelbengel.
Er sucht em Himmel und vorduss,
Mit Eselsgeduld und au Verdruss.
Er woiß, dia himmlisch Küch bleibt kalt,
Findet er den Franz it bald.

Dr Franz isch zwar no neu dohoba,
Sei Kochkunst muaß ma trotzdem loba!
Denn seit der Franz im Himmel isch
Kommet tolle Sacha auf dr Tisch.
Rundlich isch er und au kloi,
Beim Essa sagt er niemals »noi!«
Als Küchaengel hot er sich beworba,
Weil oft sein Maga war verdorba.

Am Küchatisch im letzschda Eck,
Do isch, wia häufig, sei Versteck.
Er trinkt in Ruah a Gläsle Wei
Und butzt sein Hoil'geschei drbei.
Kriegt nix mit von Hektik, Stress,
Vergisst au oft de hoilig Mess.
Ganz außer sich isch Gabriel
Und schimpft: »Du bisch en Trialer, gell!?

Alle sind scho aufm Weag en Stall,
Du hocksch do rum, du hosch en Knall!
Heit Nacht sind alle Engel unda
Auf dem Erdaball, dem runda.
Heit singet mir zu Gottes Ehr
Des Halleluja! S macht was her,
Wenn dr ganze Engelschor
Dem Jesuskindle singt was vor.

Aufm Feld, die Hirtenschar,
Stimmt mit ei, des isch doch klar.
Und wenn mir fertig sind mit Singa,
Dann sollet unsre Gläser klinga.
Dann ladet mir zum Feschta ei,
Do gibts dann Bier und au en Wei.
Zum Essa solls was Bsonders sei,
Auf etz, pack dei Werkzeig ei!«

Dr Franz verschrickt, er hot vergessa,
Dass er jo sorga soll fürs Essa.
In dr Chrischtnacht, dort beim Stall
Solls a Feschtmahl gea, auf jeden Fall!
Etz abr schnell zur Erde nab,
Dia Zeit, dia bleibt, wird langsam knapp.
Im Kopf, do molt der Franz sich aus,
Was Leckeres gibt beim Weihnachdsschmaus.

Kaum isch er glandet, fällt em ei,
Außer a baar Schissla hotr nix drbei.
Vergessa all dia feine Sacha,
Aus dene er wollt Essa macha.
»Oh je, des isch a groß Malheur,
Wo krieg i Zutate etz her?«
Kurz überlegt, dann klopft er a
An ra Herberg, raus kommt en Ma:

»Gibts etz endlich bald a Ruah?!
Mei Herberg isch heit Nacht doch zua!
Was willsch? Was zum Essa, kloiner Ma?
I guck mol, was i macha ka.
A Säckle Mehl ka i dir lau,
Noch sottesch zu meim Nochber gau.
Obwohl sei Haus isch voll mit Leit,
Er sicher gern en Käs dir geit.

Mir Wirt hont all in dera Nacht
A schleachts Gwissa, dass es kracht.
Mir hond heit doch a schwangre Frau
Mit ihrem Josef weiterzieha lau.
Bethlehem isch ausverkauft,
Weil alles zum Geburtsort lauft!«
Franz hot beim zwoita Wirt au Glück,
Kriegt Oier und vom Käs a Stück.

Beim dritta Wirt, do klopft er a,
Zerknirscht kommt raus der guade Ma.
Zwiebel hot er und au Salz
Und a bissle Schweineschmalz.
Unser Franzl isch jo gscheid,
Er woiß etz gnau, was es heit geit.
Wer wüsst des it, aus dene Sacha
Kasch a himmlisch's Essa macha!

Aufm Feld in dera Nacht,
Do wird gsunga, gessa, glacht.
Vom Kirchturm fern hörsch a Gebimmel:
Alle essat – wia em Himmel!
Seit der Zeit stoht endlich fest:
Ohne Kässpätzla – koi Fest!
Kässpätzla sind, wia jeder weiß,
A wahrhaft himmlisch Festtagsspeis!

ANNI OND DR NIGGELAUS

A GSCHICHTLE AUS EM JOHR 2020

EDI GRAF

I glaub, des Weihnachta wird koiner von uns so schnell vergessa. Aber am wenigschta dia kloi Anni, wo en sellem Jahr in dia erscht Klass ganga isch …

Es war am erschta Advent. S erschte Kerzle hot grad brennt, do hot se mit glänzende Auga zu ihrer Mamma gsagt:

»Woisch, Mamma, i kanns jo kaum no verwarta, bis endlich dr Niggelaus kommt.«

Ond d Mamma hot dr Babba aguggt, ond dr Babba d Mamma und se hend boida ganz traurig da Kopf gschüttlat. Ond no hot d Mamma gsagt, dass dr Niggelaus des Johr ned komma ka.

»Aber worom denn net?«, hot d Anni gfrogt.

»Ach, du woisch doch«, hot d Mamma gsagt, »des isch wie bei euch en dr Schual. Ihr müsset doch ao älle Abschtand halta ond Maska ufsetza. Und mir dürfet ons ao nemme mit älle Leut treffa.«

»Aber dr Nigglaus isch doch net älle Leut!«, hot d Anni brodeschtiert. »Ond s langt doch, wenner zu ons kommt! Von mir aus ao ohne Ruprecht. No simmer doch zwoi Haushalt, der vom Niggelaus ond mir …«

Jetz hot d Mamma doch glacht, aber dr Babba isch ganz leis aus em Wohnzimmer naus en sei Büro ond hot sich an da Computer gsetzt.

Am nägschda Dag hot d Anni voller Freud aus dr Schual en Brief mitbrocht.

»Vom Nigglaus!«, hot se gstrahlt. »Er hot älle Kender gschrieba. Kannsch du's bidde vorlesa, i ka doch no net älle Buchstaba!«

Ond d Mamma hot ra vorglesa:

»Liebe Kinder. Ihr wisst doch, dass ich der Freund von euch allen bin, und nichts lieber tun würde, als auch in diesem Jahr wieder zu euch zu kommen, um mit euch zu singen, euch eine Geschichte zu erzählen und eure Schuhe zu füllen. Leider, leider wird das in diesem Jahr nicht möglich sein. Wie ihr wisst, bin ich ein alter Geselle, und der Ruprecht ist noch viel älter als ich. Und da ist es einfach zu gefährlich, uns auf die weite Reise zu machen und so viele Familien zu besuchen. Ich hoffe, ihr seid nicht traurig. Aber um euch wenigstens eine kleine Freude zu machen, werde ich am Nikolaustag, wenn es dunkel wird, mit meinem Bischofsstab und dem Glöckchen durch die Straßen und Gassen ziehen und wenn ihr mich seht, dürft ihr mir winken … und vielleicht findet ihr am nächsten Morgen einen Gruß von mir in euren Schuhen. Herzliche Grüße, Euer Nikolaus.«

An dem Obed – dr Babba hots mol wieder net richta könne, wie jedes Johr am Nigglaus – isch d Anni mit ihrer Mamma am Fenschter gschtanda ond hot gwartet. Uf oimol hend se des Glöckle ghört, erscht ganz leis, noh emmer lauter. Ond plötzlich isch dr Niggelaus oms Eck komma, sei Mitra hot golden gleuchtet, sein Mantel isch em bis weit uf da Boda naghanget, sein Bischofsstab hot uf em Boda klapperet ond noh isch er schtanda blieba ond hot zur Anni riebergwonka. Ond se hot fascht gmoint, se hätt en onder seim langa, weißa Bart lacha seha. Koi Wonder, er hot jo ao koi Mask ufghet.

Noh isch er weiterganga, hot sich nomol romdreht ond a letschts Mol gwonka.

»Gell Mamma, dr Niklaus isch jo alt«, hot d Anni gmoint. »Aber s Chrischtkendle isch jo jung.«

Ond wo d Mamma gnickt hot, hot da Anni gsagt:

»Gell, Mamma, s Chrischtkendle ka scho komma, trotz dem bleeda Corona?«

I KOMM GRAD VOM WALD DO DUSSA

EDI GRAF

I komm grad vom Wald do dussa,
S schmeckt noch Breedle ond noch Nussa.
Uff de Danna oba doba
Leichtet Liechtle – deschd ned gloga!
Ond aus em Door vom Himmelshaus
Guckt s Christkend mit graoße Auga raus.

I war grad en denne Dennele denn,
Do ruafts mr, mit seira hella Stemm:
»Knecht Ruprecht«, hots gruafe, ganz oscheniert,
»Ed triala, mach nore, auf gohts, s bressiert!
Dr Christboom isch fertig, s Lametta isch dra,
D Kerza brennet – Weihnachda goht a!

Jonge ond Alte, Viecher ond Leit,
Sodded mol gruaba – s wär an dr Zeit.
Ond morga, do flieg i nonder uf d Welt
Ond bring dene Schwoba ihr Weihnachdsgeld!«
Do sag i glatt: »Liabs Jesuskend!
Guat, dass da kommsch, i be fascht am End,

I sodd bloß no gschwend ge Urach nom,
Do wartet dia Kender, ob i noh komm!«
»Hosch denn dein Rupfasack drbei?«
»I hol en gschwend – des hemmer glei!
Zibeeba, Breedle, Früchtespieß,
Essad älle Kender gwieß!«

»Ond die Ruat' isch ao am Ma'?«
I sag: »Ha freilich – do gugg na!
Bloß dui Schbitz ond Lombaseggel

Hao i domit uf da Meggel!«
S Christkendle sait: »Noh isch reacht,
Etzt lauf zua, mei alter Kneacht!« –
I komm grad vom Wald do dussa;
S schmeckt noch Breedle ond noch Nussa.
Em Schwobaland isch Weihnachdszeit –
Ond bei de Badenser – des sen' ao Leit!

DR DRIDDE MA – ODER: WOROM MEI OMA AM NIGGELAUSOBED NEMME ZITHER SPIELT …

EDI GRAF

Agfanga hot des Gschichtle, wo i etzt verzähla will, an dem Obed, wo dr Niggelaus bei ons agruafa hot ond gsagt hot, dass er ned komma ka.

Dr Babba, d Mamma, d Oma ond dr Opa send en der Stub ghoggt ond hend so laut gschwäzt, dass i han ned schlofa kenna. Drum han i älles ghört, was se an dem Obed ausgmacht hen. I han ja probiert zom schlofa, aber wo mein Opa zum Niggelaus »Schofseggel« gsagt hot, war i glockahell wach!

»Des hedd dem Schofseggel ao früher eifalla kenna, dass er des Johr am Niggelausobad koi Zeit hot«, hot er gschompfa, ond d Oma hot gmoint, dass mr am Niggelausobed als Niggelaus oifach Zeit zum han han sodd.

»Des nützt doch älles nix«, hod d Mamma gsagt, »dr Bua braucht en Niggelaus, so wie der sich en ledschter Zeit benimmt!«

Oje, do drmit war i gmoint.

Drbei glaub i scho lang nemme, dass dr Niggelaus dia böse Kender en sein Sack steckt. Mr singt jo schließlich »Nigglaus ischt ein GUTER Mann« ond i han ao letscht Johr em Kindergarta genau ufbasst, ob dr Max ond dr Felix am Dag noch em Niggelausobed ao wiederkommed. Weil dia zwoi send dia gröschte Schbitzbuaba em Kindergarte gwea.

Freilich waret se do, ond se hen vrzählt, dass ihr Niggelaus ned amol en Sack drbei ghed hod, geschweige denn en Ruprecht! Se häbet bloß en Haufa Gschenkle kriegt, ond no sei dr Niggelaus wieder abzoga.

Ond er sei middem Mercedes do gwä, ned middem Rentierschlidda!

Sein Huad – also sei Mitra – häb genau durchs Schiebedach basst, hen se verzählt, ond sein roter Mantel sei zur Dür nausghängt ond häb em Dreck gschloift, wo er losgfahras sei.

»Ond woher willsch so schnell no oin bringa, zwoi Däg vor em Niggelaus?«, hod dr Babba jetzt gfrogt, ond noh hod d Oma gsagt:

»Noh machsch en halt du!«

I han erscht denkt, i hör net recht!

Wieso »machsch«?

Dr Niggelaus ISCH doch!

Den MACHT mr doch ned!

Ond uf oimol isch mir klar worda, dass die Vier in dr Schtub do en ganz omeglicha Plah ausgheckt hen: Dia wellet mir statt em echta Niggelaus bloß a billige Kopie schicka!

Ond tatsächlich: Des ganze Gschpräch hot sich jetzt bloß no drom dreht, wia mr dr echte Niggelaus am Beschta nochmacha könnt. Ond des hot sich so aghört:

Babba: »I?«
Oma ond Mamma: »Klar, du!«
Oma: »Ond dr Opa macht da Rupprecht!«
Babba: »Aber mir hen jo ned amol a Gwand!«
Mamma: »I kennt dir dein Badmantel rot färba!«
Babba: »Noh seh i jo aus wie dr Weihnachtsma' von Coca-Cola!«
Opa: »Ond dr Bart?«
Mamma: »Wadde!«
Opa: »Ha?«
Mamma: »Wadde! Bäbb ond Wadde!«

Oma: »Oder Rasierschaum!«
Babba (gnervt): »I ka mr jo ao den weißa Badvorleger, wo aussieht wie a Eisbärafell, om d Gosch rombinda!«
Opa: »Noh brauchsch no a Mitra ond en Schtab!«
Oma: »Mein neia Schrubber hod doch en silberna Schtil.«
Mamma: »Ond d Mitra müsset mr halt aus ma Babbadeggel zuaschneida. Rote Wasserfarb ond Goldbabier, fertig!«
Babba: »A Glöckle hemmer ao koins!«
Oma: »Do ka mr mit ma Löffel en ra leera alta Kaffeetass kläppra.«
Opa: »Als Onderkloid nemmsch mei alds weißes Nachdhemmad, dia alde schwarze Schdiefl – ond fertig isch dr Niggelaus!«
Babba: »Prima! An Niggelaus, wo aussieht wie a Kreizong zwischa Gardazwerg ond Fasnetsbutz! Ohne mi!«
Opa: »Noh mach halt i den Niggelaus! I han doch no so e Blaschdigmask uf dr Bühne, mid ma weissa Bart ond ra rota Zipfelkapp dra. Do han i scho mol em Bauratheater dr Weihnachtsma' gschbielt.«
Oma: »Awa, des isch doch zwanzg Johr her!«
Opa: »Na ond? Des Mäskle isch prima. Ond des rote Gwand von dem Weihnachtsma' – müsst des ned ao no do sei?«
Oma: »Des war so en billiga Filzlabba, do han i scho längscht Butzlomba draus gmacht!«
Mamma: »Mr könnt ao ausm rota Vorhang em Wohnzemmer en Umhang näha!«
Babba: »Awa, der hot doch a Bluma-Muschter, do siehsch aus, wie oiner von de drei Musketier!«
Opa: »Des isch mir doch egal. Hender dem Mäskle, do kennt mi jedafalls koi Sau, ond dr Jong scho glei gar ned!«
Oma: »Noh wär dr Niggelaus also azoga.«
Mamma: »Fehlt bloß no der Ruprecht!«
Babba: »Was guggsch do mi so a? I mach ganz gwieß koin Ruprecht!«
Oma: »Ja, wer denn sonsch?«
Opa: »Also dr Ruprecht isch jo wirklich koi Problem! Mei' grauer Regamantel mid dr Kabbuz, Gommischtiefl ond oins von dene Katzafell, wo da iberfahra hosch, als Bart – fertig!«
Babba: »So lauf i uf jeda Fall net rom!«

Mamma: »Ond ob! Du brauchsch jo nix doa ond kasch die ganz Arbet em Niggelaus iberlassa. Des isch doch a Traumroll, für di als Beamter!« Opa: »A bissle en Bart neibrommla, mid dr Ruat winka ond Gschenkle verdoila, deschd älles!«

Uf oimol isches en dr Schtub ganz leis gwä. Fascht oheimlich.

Ond mir isch ganz schlecht gworda bei dem Gedanka, dass zu mir schtatt em echta Niggelaus dr Opa mit ra Fasnetsmask ond dr Babba mit ma Katzafell em Gsiecht kommt!

Noi!

Des han i ned wella!

Aber was han i macha kenna?

Do ben e glega, en meim Bettle ond han weiter glauscht. Aber nochdem d Oma zom Babba ond Opa gsagt hot, se sollet net so laut schreia ond d Mamma d Schtubatür zuagmacht hot, han i nix meh vrschtanda.

Irgendwann bin e noh eigschlofa ond han vom Niggelausobad träumt.

Am nägschda Morga hemmer en dr zwoita Schtund Reli ghet. En dr erschta Klass hot bei ons en dr Grundschual dr Herr Pfarrer Häfele persenlich dr Relionderricht gmacht.

I ben direkt noch dr Relischtond zum Herr Pfarrer ganga ond han sagt:

»Herr Pfarrer, du hosch doch en guata Droht en Hemmel nuf. Kenndesch du ned mol froga, ob zu mir morga net doch dr echte Niggelaus komma ka? Oder wenigschtens en gscheida Eratzspieler?«

Ond no hanem vrzählt, was se bei mir drhoim am Obed vorher ausgmacht hen. Dr Herr Pfarrer Häfele hot bloß da Kopf gschüttelt ond mir vrschprocha, er däd sich persenlich drom kümmra.

I war soweit zfrieda.

Wo no en Dag schbäter dr Niggelausobed komma isch, war i trotzdem ziemlich ufgregt.

Dr Dag hot wie emmer mit dr Mamma ihre Schtandardschprüch agfanga:

»Hannesle, heit Obed kommt jo dr Niggelaus! Warsch ao liab? Hosch ao dei Zimmer aufgräumt? Hosch ao emmer gfolgt?«

Saubleds Gschwätz! Des hot se doch selber am beschta gwisst, aber Hauptsach mir a schlechts Gwissa macha! Nigglaus ischt ein GUTER Mann, han e denkt ond han se schwätza lassa.

D Oma hot ihr Zither, wo s ganz Johr uf ihrm Schlofzemmerschrank glega isch, auspackt ond hot se gschtemmd. Bei ons isch es Traditio', dass am Heiliga Obed no Weihnachtslieder gsonga werdet, ond mei Oma schbielt noh emmer Zither drzua. Meischtens »Ihr Kinderlein kommet«, »O Tannenbaum« ond s Liadle vom Owilacht, wo's en dr dritta Schtroof hoißt: »Gottes Sohn, Owilacht.«

Dr Niggelausobed isch für mei Oma emmer d Generalprob für Weihnachda. Do singet mr no »Luschdig, luschdig tralalalala« ond »Leise rieselt der Schnee«, obwohls meischdens ned rieselt, sondern regnet.

Am Niggelausmorga hemmer en Reli a Vertretung ghet, weil dr Herr Pfarrer Häfele net do war. Ond middla en dr Relischtond isch doch tatsächlich dr Niggelaus auftaucht. Ond zwar dr Echte!

Des woiß i gwieß, weil er hod net bloß a echte Mitra ghet ond en echta goldena Bischofsschtab, sondern hot ao zu mir gsagt:

»Du bisch doch dr Hannes, ond du hosch dir doch gwünscht, dass en richtiga Niggelaus zu dir kommt, gell?«

Ond woher hätt der des denn wissa solla, wenn's net dr echte Niggelaus gwäsa wär?

I han no gsagt:

»Jo, heiliger Sankt Niggelaus, des wär klasse, wenn da des eirichta könntesch, ond am liabschta du selber!«

Er hot no en seim goldena Buach guggd ond hot gnickt. So gega Siebene däds em langa, hot er gsagt und i han me saumäßig gfreut.

Wo dr Niggelaus wieder fort war, sen drei aus meiner Klass komma ond hend gfrogt, ob se net ao drbei sei dürfdet, wenn dr Niggelaus zu mir hoim kommt.

Mei Mamma isch aus älle Wolka gfalla, wo's am Obed gschellet hot ond dr Leon mit seiner Muader ond d Alisa mit ihre Gschwischter ond Eltern ond dr Jonas mit seiner Familie vor dr Dür gschtanda sind.

I han bloß gsagt, se brauch sich koine Sorga macha, wega de Gschenkle, weil i han jo gwisst, dass dr echte Niggelaus kommt, ond der hot ja emmer für älle Kender ebbes drbei. D Schtub war voll, aber weil's dr Babba ond dr Opa mol wieder net hen richta kenna, hots mit de Plätz grad so glanget.

D Oma ond d Mamme hent sich zwar aguggt ond mid de Auga grollt ond i han ghört, wie d Oma gflüschtert hot:

»Dr Opa hot dr Schtab vergessa, den schtell i em no vor d Dür!«

»Wo sen die zwoi denn iberhaupt?« hot d Mamme gfrogt.

»Ha em Oxa, do ziaget se sich em Nebazemmer om«, hot d Oma gsagt. »Ond trinket sich no Muat a, dia Suffköpf!«

No isch mr en d Schtub ghoggt ond d Oma hot afanga zithra. Em Adventskranz hots erschte Kerzle brennt, d Mamma hot ihre guate Schprengerle schprenga lasse ond emmer wieder nervös uf d Uhr guggt.

Uf oimol hot mr drussa vor em Haus ebbes bockla hera, ond dr Babba hot gschria:

»Welcher Schofseggel hot denn den Schrubber so bled über da Weg glegt?«

»Uje, der isch mr omgfalla«, hot d Mamma ganz verschrocka gruafa ond isch zur Dür grennt. D Oma hot grad noh s »Kufschteiner Lied« fertig gschbielt, no hots em Hausgang kleppret ond mr hätt moina kenne, s schellet a Glöckle.

I han uf d Uhr guggt. Dreiviertel Siebene! Des war dr Niggelaus!

Dingelingeling hots gmacht, en Schlag doa ond plötzlich sen weiße Porzellanscherba em Hausgang uf em Schtoiboda Richtung Schtub gfloga.

»Mei Gschirr!«, hot d Oma gschria ond isch schier iber ihr Zither neigfloga. »Etzt hot der Bachel oine von dene nagelneie Kaffetassa aus Südtirol als Niggelausglöckle gnomma, mit em Schraubazieher als Klöppl!«

Em gleicha Moment isch d Mamma kreidebloich en dr Dür uftaucht ond hinter ihr dr Niggelaus.

Wo der so en dr Wohnzimmerdür gschtanda isch ond mit vrschtellter Schtimm »In Gemütlichkeit, Amen!« gsagt hot, isch mir klar gworda, dass mein Plan schiefganga isch.

Von wega echter Niggelaus! Seine zwoi Ersatzspieler hot er gschickt, ond was für welche:

Em Niggelaus isch onser blumiger roter Wohnzimmervorhang von dr Schultra ghängt, en dr oine Hand hot er dr Oma ihrn Schrubber mit em silberna Schdiel ghet – oba a Goldborde dromgwicklet – ond en dr andere s Goldene Buach: »Winnetou I« , halba en Alufolie eigschlaga. Vom Opa seim Gsicht hot mr nix gseha, weil er so a Plaschtikmäskle mit weißem Waddebart ond roter Zipfelkabb ufghet hot.

Dr Babba als Ruprecht hot ausgseha wie dr Opa, wenn er für seine Hasa Fuader holt, en seim graua Regamantel mit Kabbuz ond de greane Gommischtiefl. Blos durch den Katzafellbart hot er a Gsicht ghet wie en Waldschrat an dr Fasnet. Er hot gherig mid dr Ruat gfuchtlet ond en sein Katzafellbart neibrummlet.

Dr Opa hots do net so leicht ghet. Mit vier Sacha en zwoi Händ war dr Niggelaus leicht iberfordert: Vom Kaffeetassaglöckle war zwar bloß no dr Henkel ibrig, aber en dr gleicha Hand hot er ao no da Sack mit de Gschenkle trage ond en da andera dr Karl May en Alufolie ond dr Oma ihrn Schrubber. Den hot er als erschtes abgschtellt ond dodrbei schier d Wohnzimmerlamp von dr Decke rabgschlaga. D Mamma isch mit ma Schroi ufgschprunga ond hot dia Lamp en ihre Schwingunga ausbremst.

Noh hot dr Niggelaus sich gräuschbert ond dia Vorschdellong hot mit em erschta Akt agfanga. Begrüßung der Kinder durch den Niggelaus.

Mr hot em Opa an dr Schtemm agmerkt, dass er nemme ganz nüchtern war. Später hot mir dr Felix, dr Bua vom Oxawirt, wo zu mir en d Klass goht, gsagt, dass dia zwoi bei dr Vorbereidong zu ihrm Uftritt drei Halbe ond zwoi Willi trunka hättet. Jeder. Entsprechend hot dr Opa glallt:

»Advent, Advent, äh … dr Chrischtboom brennt …! (große Denkpause) Do ka dr Nigglaus nix drfür, er ischt heut mit dem Ruprecht hier!«

Zweiter Akt. Gemeinsames Singen vom Niggelausliad.

D Oma hot zischt, er soll ao koin so en Scheiß rausschwätza ond noh hot se agfanga, uf dr Zither s Nigglauslied zom spiela.

Ond dr Leon mit seiner Muader ond d Alisa mit ihre Gschwischter ond Eltern ond dr Jonas mit seiner Familie, d Mamma ond i hend gsonga wia d Schtora!

»Lasst uns froh und munter sein!«

Beim luschdig tralalalala hend dr Nigglaus ond dr Ruprecht sich an de Ellaboga eighenkt, send em Kreis romgschprunga ond hend noch jedem Satz »Hoi!« gschria:

Steht der Teller auf dem Tisch – Hoi!
Sing ich nochmals froh und frisch – Hoi!
Luschdig, luschdig, tralalalala – Hoi!
Heut isch Niggelausabend da – Hoi!
Heut isch Niggelausabend da – Hoi!

Wo mir grad beim schönschta Vers waret, wo's hoißt: »Bald ischt unsre Schule aus!«, hots an dr Hausdür gschellat. D Oma hot mit zithra ufghört ond d Mamma ond d Oma send naus, zom gugga, wer's isch.

Dritter Akt. Dr Niggelaus beschert die Kinder.

Kaum waret dia zwoi aus dr Schtub, hot dr Niggelaus aus seim Sack da Flachmann rauszoga, »Gelobt sei, was Durscht löscht!« gsagt ond en kräftiga Schluck gnomma.

Noh hot er des Fläschle em Ruprecht geba, der hot grülpst, »Vergelts Gott!« gsagt ond den Flachmann voll gleert.

Grad en dem Aogablick, wo dr Opa den Sack mit de Gschenkle uf em Boda auskippt hot, dass d Nussa ond d Epfel ond d Schokladniggeläuser bis onder da Disch nagruglet send ond dr Babba henter seiner Plastikmask gruafa hot: »Ond auf den Niggelaus ein dreifaches Narri – Narro!«, isch dr echte heilige Sankt Niggelaus en dr Dür gschtanda!

Ond des war wirklich dr Echte! Der aus em Relionderricht! Mit Mitra, goldenem Buch, goldenem Bischofsstab, rotem Mantel, enna mit Gold ond ma ganz weißa Bart.

Hender ihm send d Mamma ond Oma en d Schtub reigschlupft ond hend koi Wörtle gsagt.

»Das ist ja nett, dass meine Vertreter auf Erden schon mal angefangen haben«, hot dr Heilige Sankt Niggelaus gsagt und seine zwoi

Ersatzspieler würdevoll zugnickt. »Ihr könnt jetzt in die Küche gehen und euch stärken! Wir haben ja noch viel zu tun am Nikolausabend …«

Des hend sich die Zwoi net zwoimol saga lassa ond send en dr Küche verschwunda.

Dr echte Niggelaus aber hot mit ons gsonga ond des Gedichtle aufgsagt:

»Von drauß vom Walde komm ich her …«

Ond noh hot er zur Oma gsagt, ob se net uf dr Zither no was vorspiela könnt, er däd des Inschtrument so gern höra.

Oje, sie könn gar nix meh, außerm Kufsteinerlied ond dene Weihnachtslieder, wo mir grad scho gsonga häbet. Oder vielleicht dr »Dridde Ma?« hot se gfrogt.

»Das passt doch wunderbar heute«, hot dr echte Niggelaus gsagt, ond i moin, sei Schtimm hätt a bissle klunga wie dia von meim Relilehrer.

Dr Niggelaus isch zom Leon mit seiner Muader ond dr Alisa mit ihre Gschwischter ond Eltern ond zom Jonas mit seiner Familie ond zur Mamma ond mir naghoggt ond d Oma hot afanga zithra.

I han noh später, wo dr Leon mit seiner Muader und d Alisa mit ihre Gschwischter ond Eltern ond dr Jonas mit seiner Familie scho wieder weg waret, en dr Küche den Alu-Winnetou zwischa zwoi leere Schnapsgläser liega seha ond dr Oma ihr Schrubber isch en der Eck drin gschtanda. Vom Babba ond Opa han i an dem Obed nix meh ghört oder gseha.

So en luschtiga Niggelausobed mit drei Niggeläus uf oimol hots nie wieder geba! Ond mei Oma hot seither nie wieder d Zither auspackt, wenn dr Niggelaus komma isch.

Eigentlich schad, weil des Liad von dem »Dridda Ma« isch seit dem Niggelausobed ois von meine Lieblingsweihnachtslieder.

Neba »Nigglaus ischt ein GUTER Mann …«

Dr Santiklos ond dia Buaba

Edi Graf, nach einer Erzählung von Wilma Baur, Wurmlingen

Friher hot mr koane so scheene Santiklosa gheet wia heit. Dia hend halt schwaaze Mäntl a gheet ond a Zipflkapp doba oder en schwaaza Huat. Wenn dr Santiklos mit em Ruprecht komma isch, no hemmer almol zerscht gsonga: »Lasst uns froh und munter sein«.

Noh hot dr Santiklos älmol gsait:

»S Lesebuach raus!«

Jedes hot müassa vorlesa, ond ois hot müassa betta. Ond d Dafla hot mr müassa manchmol no raus dao, wenns en letzer Santiklos gsei isch. Wemmer schtecka blieba isch, beim Lesa oder hot gschtatzget, no hot dr Ruprecht mit dr Ruat gwonka!

No hot er älmol da Sack ausgleert ond nadierlich hot r ao gsait, ob mr folge – ond do hots halt ao älmol bissle ghaperet! No hend nadierlich d Muadder ond dr Vadder gsait:

»Ha, do fehlts almol wieder, Santiklos!«

Do hemmer älmol scho a bissle Angscht gheet, bis des rom gsei ischt.

Oimol waret en ra Familie vier oder fenf Kender, ond dia Buaba hend emmer gsait, wenn zu ihna dr Santiklos konnt, dem schneidet se da Sack uf, no hend sie alle Breetlen! Des isch aber beim Santiklos em Buach drenna gschtanda.

Jetzt am Obeds, wo do dr Santiklos komma ischt, waret dia Buaba soo brav, ond uf oamol fällt dem Santiklos no ei:

»Ja, mo hend r eire Messerlen?«

Iatz send doch dia ganz vrschrocka! Dr Graoß, der hot glei da Kopf nagheekt, der hot nemme schwätza kenna. Ond dr Kloi hot gsait:

»Do ganget mir nao mit aoserm Vadder en Wald ond schnitze en Schtock …!«

S CHRISCHTKENDLE ENS HERZ

ENS HERZ

BERNHARD BITTERWOLF

S isch tatsächlich so: S ganz Johr frei im mi auf dr Advent, auf dia Zeit, in der ma sich innerlich vorbereitet auf was Großes, auf was Bsonders, auf a Fescht, des einzigartig em Johreslauf isch. It bloß i fiebere auf Weihnachda na. Alle Leit um mi rom gohts gleich. S fangt a mit em Dekoriere vom oigene Haushalt, mit em Breedlabacka, mit em Überlega, was i wem schenk, mit dem Schwätza übers Feschtessa und it zletscht mit em Bsuach auf diverse Chrischtkendles- und Weihnachdsmärkt. Jo, für mich ghört des Schlendra über dr Weihnachdsmarkt, eischließlich vo zwoi oder drei Glühweinbecherle fescht zua meine Adventsrituale.

Em letzschda Johr lauf i aufm Weihnachdsmarkt z Ravensburg grad so vor me na an dene Kunsthandwerkerständ vorbei und überleg drbei, welchen Glühweinstand i glei mit meinra Anwesenheit beglücka will, als i so etwa zwanzg Meter vor mir en urasierta, etwas ugepflegta Ma em jüngera Alter beobachta hon könna. Der Kerle hot wilde Grimassa gschnitta und sich grimmig umguckt. Plötzlich sieht er mi und fuaßlet zielstrebig auf mi zua. I guck mi no um, weil i it sicher war, ob er tatsächlich mi moint. Mein erschter Gedanka: Oh je, do isch ebbes bassiert, do muaß i helfa!

Kurz vor mir bremst der Urasierte ab, stoht vor mi na, runzlet sei Stirn und sagt mit ra sich fast überschlagenda Stimm laut und deitlich zu mir: »I wünsch dir s Chrischtkendle ens Herz!« Noch dreht er sich rum, springt mit ema Affazah drvo und verschwindet hinterm Verkaufsstand vom Töpfermeister Deiringer. Ehrlich, a bissle perplex war i scho. Abr a Freid übr den Satz in broiteschdem Schwäbisch hon i au empfunda.

Auf dr Hoimfahrt hon i dann im Autoradio auf SWR 4 ghört, dass en Insasse ausm nahegelegena Zentrum für Psychatrie z Weissenau ausbrocha sei. Dia Bevölkerung sott Abstand von dem Ma halta und sich melda, falls er irgendwo auftaucha dät. Noch hont se em Radio a

Personabeschreibung durchgea. Etz war mir klar, den Ma hon i grad aufm Markt troffa, der hot mir doch den alta Weihnachdswunsch zuagruafa. Der Radiomoderator hot dann no weitervrzählt, dass der Entflohene aus Wurmlinga bei Rottaburg käm, eigentlich en friedfertiga Mensch sei, aber leider ins Kleinkriminella- und Drogamiliö abgrutscht isch, weil sei alloierziehende Muadr wohl mit soma Kerle überfordert war.

Dia Begegnung hot mi dann nemme losglassa. A baar Däg später bin i dann ge Weissenau in des psychatrische Krankahaus und hon Erkundigunga über den junga Ma eizoga. Erscht hon i koi Auskunft kriagt, weil i jo koi Verwandtschaft hon nochweisa kenna. Wo i dann aber von unserm Treffa aufm Weihnachdsmarkt vrzählt hon, hot mi a junge Ärztin mit auf Statio gnomma. Do hon i dann den junga Ma, Peter hoißt er, wiedergseha. Kurzum, mir hont lang mitanand gschwätzt und unsre Kindheitserinnerunga an frühere Weihnachda austauscht. Au en de nächste Däg hon i dr Peter auf seinra Krankastatio bsuacht und mi mit ihm ernsthaft agfreundet. I hon bald gmerkt, dass dr Peter a helfende Hand braucht.

Während und noch seinra Therapie hon i mi um dr Peter kümmert. Heit schafft er aufm städtischa Bauhof, verdient a schees Geld und isch mit sich und dr Welt rundum zfrieda. Mir zwoi treffet uns nach wie vor regelmäßig und sind richtig guade Fraind worra.

S isch scho verwunderlich, was so en Satz, ausgsprocha en dr Vorweihnachdszeit, alles bewerkstelliga ka. Drum wünsch i heit au dir und de deine bloß ois, nämlich: s Chrischtkendle ens Herz!

I WÜNSCH DIR S CHRISCHTKENDLE ENS HERZ

EDI GRAF

S isch dreißg Johr her – i woiß genau,
Do war i z Raodaburg em Wender
Beim Kripple vom Sebastian Blau.
Im Weggatal, mit Freind ond Kender.

Dr kloine Luis noch vorn sich druggt,
Hot wella dia Figürla seah,
Hot ao noch sellem Mohrle guggt:
»Derf i dem was ens Kässle gea?«

Dr Pader hot sich gherig gfreit,
Wo mir do Geld neigschmissa hend,
I han no »Scheene Weihnächd!« gsait –
Es war jo middla em Advend.

»Vergelts Gott!«, sait dr Pader no,
Sei Blick goht himmelwärts –
»Mir wünschet ons, em Städtle do,
Des Chrischtkendle ens Herz!«

Des Sprüchle han i bhalta mir,
Wünschs seitdem älle Leit,
Ond heut wünsch i s an Weihnächd dir!
I hoff, du hosch a Freid.

Ond brennt bei ons dia erschte Kerz,
Sag i, bis s vierte Kerzle brennt:
»I wünsch dir s Chrischtkendle ens Herz!«
Als Weihnachtsgrüßle em Advent.

Oh Dannabaum – oder: Dia letschd Chance

Bernhard Bitterwolf

Warum au sotts bei uns andersch laufa als bei andre Paare, dia sich in dr gleicha Situatio befindet? So im Laufe der Johr, dia mir mitanand vrbrocht hond, hot sich doch vieles eigschpielt, manches hot sich abgschliffa, manches isch normal, vieles isch oifach zur Gwohnheit worra. S Haus isch abzahlt, d Kinder sind ausm Gröbschda draußa und mir, mir hond uns in de letzschde Johr, zumindest a Stückle weit, ausananderglebt. Weil mir boide, also mei Frau und i, gscheide, kopfgschteuerte Leit sind, isch uns der Zustand it vrborga blieba. Mir hond in unsrer Ehe glernt, offa und ehrlich mitanand umzumganga, also müsset mir uns au mit dem »Bloß-no-neabaanand-her-Leaba« ausanandersetza. Noi, mir waret it bös mit- oder aufanand! Mir schtreitet it und mir schreiet uns au it a.

In aller Ruah hommr im letzschda Spätsommer bei ma Waldspaziergang über unser Situatio nochdenkt und über unser über dia Zeit gwachsenes Nicht-Verhältnis gschwätzt. Mir hond des Wort »Trennung« in dr Mund gnomma, von ra vernunftgschteuerte, eivernehmlicha Scheidung gschwätzt.

Auf unsra kloine Wanderung sind mir an ra nuia Chrischtbaumschonung vorbeikomma und sehat det am Rand von dem Gelände en Mickerling, a kloine, krumme, zruckbliebene Nordmanntanne. Halba em Ernst, halba em Spaß hommr boide gmoint: »Wenn des kloine Bäumle überleabt, wenns durchhält, it verbissa wird, it vertrocknet, dann, jo dann bleibet mir boide beianand, denn probierets mir nomol mitnand. Wenn it, jo, dann ganget mir endgültig ausanand!«

Kaum hommr des zuanand gsagt, sind mir auch scho im übertragena und im eigentlicha Sinn des Wortes getrennte Weag ganga.

Drei Wocha später hon i mol noch »unserem« Mickerling gucket und drbei it schleacht gstaunt, weil ebber dia Wurzla abdeckt und dia Baumspitz gega Verbiss gschützt hot. I selber hon jo au, also rein zufällig, a Säckle mit Dünger drbei ghet und hon den Dung ganz sorgfältig rund um des Bäumle gschtreut.

Dr Herbst in dem Johr war fürchtig trocka, s hot kaum gregnet, d Natur hot ghörig glitta. Auf meine Spaziergäng durch dr Wald hon i desweaga immr a Flasch Wasser drbei ghet und dia an dem Baum, der zwischazeitlich gar nemma so mickrig ausgseha hot, ausgleert.

Und dann, Mitte Dezember, dr erschte Schnee. Dicke, nasse, schwere Flocka sind vom Himmel gfalla. Mein erschta Gedanke hot dem Baum golta. Mei Angscht: Schneebruch!

Also bin i am Sonndigvormittag mit gfütterte Händsche em Hosasack in dr Wald. I hon des Bäumle vom Schnee befreia wella. I hon fei it schlecht gschtaunt, als i an dera Schonung ums Eck boga bin und det mei Frau troffa hon, dia, dick eipackt, den ehemals mickriga Baum vorsichtig gschüttlet und so schnee- und druckfrei gmacht hot.

Wortlos semmr uns gegaübr gschtanda, hond uns in d Auga guckt und gmerkt, was jedr von uns boide denkt und dua hot. Mit kloine, vorsichtige Schritt semmr aufanand zua glaufa, hond kurz zögret und uns dann in dr Arm gnomma.

Am nächschda Morga semmr dann Hand in Hand zu dem Besitzer von dera Baumschual marschiert, hond dr Preis für »unsern« Baum zahlt und ihn dann hoim zu uns in d Stuba gholt.

No nia, wirklich no nia in de letzschde Johr hond mir am Hoiliga Obend lauter und inbrünstiger des Loblied gschmettert: »Oh Dannabaum, oh Dannabaum …«

OH DANNABAUM

MELODIE: VOLKSGUT
SCHWÄBISCHER TEXT: BERNHARD BITTERWOLF

Oh Danna-baum, oh Danna-baum, für mi bisch du en

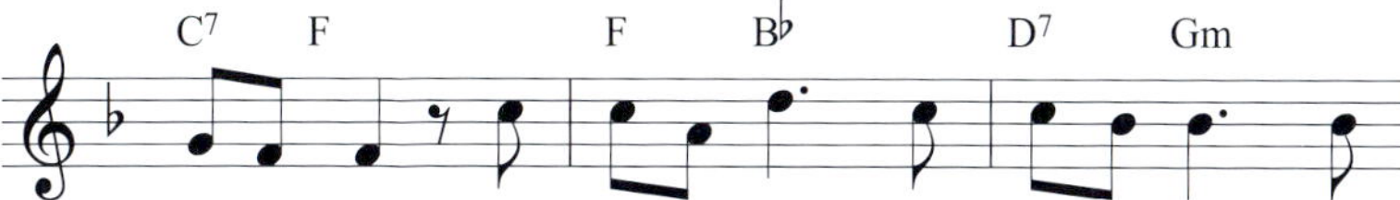

wahra Traum. Du bischs, der mir mei Herz er - freit en

die - ser kal - ta Johres - zeit. Oh Danna - baum, oh

Danna - baum, für mi bisch du en wahra Traum.

1. Oh Dannabaum, oh Dannabaum,
   Für mi bisch du en wahra Traum.
   Du bischs, der mir mei Herz erfreit
   En dieser kalta Johreszeit.
   Oh Dannabaum, oh Dannabaum,
   Für mi bisch du en wahra Traum.

2. Oh Dannabaum, oh Dannabaum,
Du bisch en Trost in dunkler Zeit.
Wenns draußa weiße Flocka schneit,
Dei grüne Farb uns Hoffnung geit.
Oh Dannabaum, oh Dannabaum,
Du bisch en Trost in dunkler Zeit.

3. Oh Dannabaum, oh Dannabaum,
Ma lobt di jo em ganza Land.
Mir pfleaget gern des Mitanand,
Mir gont durchs Leaba Hand in Hand.
Oh Dannabaum, oh Dannabaum,
Ma lobt di jo em ganza Land.

4. Oh Dannabaum, oh Dannabaum,
Am grüna Zweigle brennt a Kerz,
Dia leichtet mir ganz tieaf ens Herz,
Vertreibt mein Kummer und mein Schmerz.
Oh Dannabaum, oh Dannabaum,
Am grüna Zweigle brennt a Kerz.

5. Oh Dannabaum, oh Dannabaum,
A Zoicha bisch für d Weihnachdszeit.
Mit Deinem grüna Nodelkleid
Bisch du s Symbol für Fruchtbarkeit.
Oh Dannabaum, oh Dannabaum,
A Zoicha bisch für d Weihnachdszeit.

Wenn dr Opa vom Chrischtkendle vrzählt …

Edi Graf

Wenn Weihnachda kommt, muss i emmer an mein Opa denka. Dr Pfoschda-Sepp, wie mr zu nem gsagt hot – weil er hot Josef Pfoschd ghoißa – hot älles gwisst, über d Leit, über d Viecher ond über älles, was em Land dr Brauch war. Bsondersch an Weihnachda. Wo i a kloiner Bua war, hot sich dr Opa emmer em Advent a Fläschle von seim Lemberger Trollinger ufgmacht ond mir von de Belzer, Biggeresel ond Pelzmärte verzählt, wo durch d Dörfer ziehat. Dr Opa, der hot älles gwisst, was sich äll Johr vom Schwarzwald über Hohenlohe bis ens Allgäu an alte Weihnachdsbräuch erhalta hot, zwischen Andreasnacht und Stephansdag.

Dr Opa isch aus em Oberschwäbischa komma ond hot als kloiner Bua no des wilde Treiba vo de Kettaklôs vrlebt.

»Woisch, Fabio, em Schwarzwald, z Unterentersbach im untera Kinzigtal, wo d Oma her isch, do kündiget sich am Dag vor em Niklausdag beim Klausra dia Schwarze mit Kettarassla und lautem ›Jee-aah‹ a«, hot dr Opa vrzählt. »Ihre Gsichter hend se mit Fett und Ruaß geschwärzt, ond mit em Biggesel begleitet se da weiß gschminkte Nikolaus.«

»Ond d Oma?«

»Dia hat do ned mitmacha dürfa. Aber ihre zwoi Briader send, wo se no jong waret, ällamol onderm Deckafell vom Biggesel gschteckt.«

»Hot mr dia ned kennt?«

»Noi, der Biggesel hot en Pappmaché-Kopf ufghet.«

»Hots des bloß em Dorf von dr Oma geba?«

»Noi«, hot dr Opa gsagt und a Schlückle tronka. »A baar Kilometer weiter, z Steinach, wo dr Onkel Roland wohnt, ziegat dia Klausabigger durchs Dorf ond bsuchet d Familia.«

»Ao dia vom Onkel Roland?«

»I glaub scho. Ond jetzt bass uf! Dr gröscht von dene Vier isch dr weiße Biggeresel, weil sein langschnabliger Meggel mit seim rota, aufgnähta Gsicht uf ra Heugabel steckt. Dr Santiklaus hot a Woidakrätze ond Reisigruta drbei ond isch wie dr Nikolaus ganz weiß azoga, mit ra goldena Mitra und weißer Stoffmask. Ond am wildeschta kommt dr schwarz maskierte Rubelz mit Schilfbüschel im Fellmantel drher. Dem sei Kette hört mr scho von Weitem rassla ond woiß: Etzt kommet d Klausabigger!«

»Do hot mr sich beschtimmt gfreut!«

»Ha freilich. Ond woisch, wer der Rubelz war?«

»Dr Onkel Roland?«

»Guat verrota!«, hot dr Opa gsagt.

»Woisch no me so Gschichtla?«

»Ha freilich. Z Haslach im Kinzigtal klopft dr große, weiße Biggeresel mit seira langa rota Zung ond seim spitza Kopf, wo aussieht wie en Gaul, sogar ans Fenschter. Ond no hoißts: ›Ich klopfe an, an Euer Haus, es kommt der heilige Bischof Nikolaus‹, wenn dr weiß geschminkte Nikolaus mit em Christkindle d Familia bsucht.«

»Do kommt s Chrischtkendle scho am Nikolaus?«

»Jo. Früher hot mr Weihnachtsengel zu nem gsagt. Drzua ghört no dr Ruprecht mit ma Kettagurt ond dr Pelzmärtel, ond do derf mr koi Angscht han, weil aus dem seiner Krätze gugget zwoi Kinderfiaß raus!«

»Echte?«

»Noi, nadierlich ned. Aber mr hot scho emmer gern ao d Kender vrschreckt, vor allem wenn se ned brav gwea sind. Zu mir hots dr Babba ao emmer gsagt: ›Dr Ruprecht steckt de en sein Sack!‹ Do hot mr scho Angscht ghet.«

»I han koi Angscht vorm Nikolaus«, han i gsagt.

»No ganget mir zwoi mol vor em Niggelausobed noch Dietinga bei Rottweil. Do hört mr seit über 200 Johr vor em 6. Dezember s Schellen von de Glocka ond s Klepfa von de Peitscha, wenn d Klosa umganget. Do begleitet weiß geschminkte Gsella mit gold-silberne Zackenkrona ond Schellagurt da Nikolaus und sein Ruprecht. Der hoißt en Dietinga Nussaweible ond bringt bei de Hausbsuach selber gmachte Brötle und ao Haselnussruata mit em Leiterawaga.«

»Des sind jo ganz sche viel Bräuch am Niggelaus«, han i gsagt.

»Des isch ned überall so«, hot der Opa gwisst ond an seim Weiglas gnippt. »Em Nordschwarzwald kommet z Sprollenhaus ond z Nonnenmiss dr Pelzmärte und s Chrischtkind erscht am Heiligobend. Do gibts en Pelzmärtle mit ma gflochtena Häs aus Strohzöpf ond ma hört Schellagschirr und Peitscher, wo laut knallet. S Chrischtkendle isch weiß verschleiert mit zwoi Begleiterinna onderwegs. Ond wenn dr Märtle ond s Chrischtkendle sich begegnet, derf dr Pelzmärtle s Chrischtkendle sogar küssa!«

Oimol hot dr Opa mir a Bild vom Pelzmärtl z Gaistal bei Bad Herrenalb zoigt. Der war in Roggenstroh eibunda.

»Also Opa, der sieht mit seine Hörner ond Kuhglocka jo aus wia an dr Fasnet!«

Dr Opa hot gnickt.

»Stimmt«, hot er gsagt, »manche von dene Strohfigura en dr schwäbisch-alemannischa Fasnet sehet genauso aus.«

En Streicha, ma Ortsteil von Balinga, han i des mol selber gseha. Do hend d Buaba a langs weißes Hemd a, drzua a Mask im Gsicht ond en Chrischtkendleshuat auf em Kopf, wo wie en Zuckerhuat aussieht.

»Des send d Chrischtkendle«, hot dr Opa verzählt, »dia sind mit Pferdeschella und Glocka onderwegs ond schenket de Kender kloine Päckle mit Gutsle oder winket mit dr Rute aus Birkareisig.«

Oimol hot me dr Opa am Obed vor em Niggelaus noch Hirrlingen zum Nikolausfeuer mitgnomma. Do schichtet d Achtklässler Holzstöß auf ond dia werdet om sechse azündet. No kommt dr Niggelaus mit em Knecht Ruprecht, d Kender schwinget dia selber gmachte Harzkachla, wo wia Fackla aussehet, ond ganz viel Laterna leuchtet en dr Nacht.

Ao z Altasteig im Schwarzwald gibts Weihnachtsfackla, aber erscht an Heiligobed. Dr Opa isch mit mir mol nagfahra, ond do hend scho von Weitem riesige brennende Holzstöße vom Berg runter gleuchtet.

»Dia Fackelgilda hoißet Tannenbergler und Tälemer ond schwenket ihre Fackla überm Nagoldtal«, hot dr Opa gwisst.

Am liebschta hot dr Opa emmer von dr Klöpfleszeit verzählt, weil er dia en seiner Hoimet z Oberschwoba no selber mitgmacht hot. Do hot em sei Wei am beschda gschmeckt.

»Des isch en Heischebrauch«, hot er emmer gsagt, »des isch fascht wia Bettla gwea. Mir Kender hend an de drei Donnerstag vor Weihnachda, oft mit ra Ruat oder ma kloina Hämmerle, an d Türa oder

Fenster klopft ond drzua Klopfervers aufgsagt: ›Klopfer, Klopfer, Hämmerle, Bäure gang ins Kämmerle, wirf uns Nüss ond Äpfel ra, dass ma ka »Vergelts Gott« sa!‹ En andera Heischebrauch gibts heut no: s Chrischtbaumloba. Aber do bisch du no z kloi«, hot dr Opa gmoint.

»Ond worom?«

»Ha woisch, do bsuacht mr dr Nochber oder dr Freund ond sagt: ›Mensch, hosch du en schöna Baum!‹ – egal ob des schtimmt oder net.«

»Aber des wär jo gloga!«

»Des woiß jo koiner! Ond als Belohnung gibts Äpfel oder Birna.«

»Ond worom bin i do no z kloi?«, han i da Opa gfrogt.

»Weil dia Äpfel oder Birna em Schnaps drin sind! Für di kommt do eher s Krippaspiel als Weihnachdsbrauch in Frog. Des hen mir früher ned kennt. Bei ons hot mr an de Adventssonndäg beim Maria-Traga a Statue von dr Maria von Familie zu Familie weitergeba. Des war a Sinnbild für d Herbergssuche, ond dia kennsch jo vom Krippaspiel, oder?«

»Jo«, han i gsagt. »I han doch selber scho en Hirte schbiela dürfa!«

Für d Kinder ganz arg schee isch des Christkindle-Ralassa am Heiliga Obed z Biberach an dr Riss. Klar, dass mein oberschwäbischer Opa mit mir do na isch. Do ganget d Lichter an de Häusergiebel ond am Christbaum aus ond d Musik spielt s Biberacher Pastorale. Ond plötzlich schwebt a Christkind-Figur langsam in ma beleuchteta Schrein auf da Marktplatz nab.

So a bsondere Weihnachdsmusik gibts ao z Bad Saulgau beim Engelsinga.

»Do isch dr Onkel Baschde emmer drbei«, hot dr Opa verzählt, »bei de Engelssinger. Äll Johr en dr Chrischtnacht singet se an mehrere Stationa s Saulgauer Hirtalied. Ond dr Onkel Frieder isch z Raveschburg mit de Heilignachtsänger ond ihre Lieder onderwegs, bis noch em letschda Glockaschlag am Blaserturm.«

»Ond dr Onkel Barny singt doch ao emmer an Weihnachda«, han i gwisst.

»Richtig!«, hot dr Opa glacht. »Beim Kapellasinga im Haistergau mit em Männerchor Haisterkirch. Die singet immer am 4. Adventssonntag an verschiedene Kapella rings um Bad Waldsee.«

»Spielt dr Onkel Barny do ao mit seiner Schalmei?«

»Noi, worom?«

»Ha, weil des doch a alts Hirtainstrument isch, des hot er mir mol verzählt. Ond Hirta ghöret doch zur Krippe!«

»Also, des woiß i it. Aber z Villinga kasch so a alts Hirtahorn höre, immer oi Stund vor Mitternacht am Heiliga Obend beim Kuhreiha. Do spielt d Stadtmusik, ond der Kuhhirt blost da Rietstrich, des isch a alts Hirtaliad mit ma Herterhorn.«

»Was isch des, Opa? A Herterhorn?«

»Des war s Krummhorn von de Hirta. Des machet se z Villinga seit em Peschtjohr 1765. Jede Christnacht bloset se da Kuhreiha, damit s koi Viehseuch oder Pescht gibt.«

»Pescht?«

»So ebbes Ähnlichs wie Corona.«

»Aha. Ond was hot des mit Weihnachda zom doa?«

»Mr hot an Weihnachda emmer feschte s Jesulein abetet und ghofft, dass es bei Krankheita ond Oglück hilft.«

»Ao heut no?«

»Jo. Z Eisaharz bei Argabühl im Allgäu hend se zum Schutz vor dr Pescht da Stephansritt eigführt. Des isch a Reiterprozessio vom Dorfplatz zur Stephanskapell, do könnet mr dies Johr am zweiten Weihnachdsdag mol na!«

»Au ja, Opa. Gibts noh meh so Weinachdsbräuch, wo oin vor Oglück schützet?«

»Jo. Z Endinga am Kaiserstuhl besuchet d Familia noch dr Christmett oin vo de Brunna en dr Stadt. Um Mitternacht füllet se Krüg mit ›Heiliwog-Wasser‹. Noh bevor dr letschte Glockaschlag verklingt, muass dia Hoilig Wog gfasst sei. Des Wasser von dr Christnacht wird em Familienkreis trunka und ao d Viecher krieget drvo. Des soll Glück bringa. ›Heiliwog, Gottes Gob, Glück ins Hüs, Unglick nüss!‹, so saget se z Endinga.«

Noh hot dr Opa en Schluck von seim Lemberger mit Trollinger trunka ond hot gfrogt:

»Hosch du gwisst, dass ao oiner von de wohl erschte Advendskalender aus em Ländle kommt? A schwäbische Pfarrersfrau aus Maulbronn hot 1883 den mit 24 kloine Wibele uf ma Karton für ihrn Sohn Gerhard gmacht. Der Bua hot no später, wo er in München gschafft hot, da erste Ausschneidkalender mit 24 Motive ›Im Land des Christkindes‹ rausbrocht.«

»Aber dr Babba hot mol gsagt, dass es z Gengabach da gröschte Adventskalender uf dr ganza Welt gibt!«

»Do hot er recht! Mir müsset em Advent obedingt mol noch Gengabach ond ons dia 24 Fenschter vom Rothaus dort agugga. Ond dr Professor Mezger – woisch, der von dr Fasnet – hot mol gschrieba, dass ao dr Chrischtbaum bei ons scho ganz alt isch.«

No isch dr Opa ufgschtanda ond hot a Buach aus em Regal gholt. »Lieblingsplätze Schwarzwald« hots ghoißa. Ond no hot er mir vorglesa:

»Auch wenn sich die früheschde Freiburger Erwähnung eines Weihnachtsbaums fürs Johr 1419 nicht eindeutig belega lässt, sind sogenannte ›Weihnachtsmaia‹, also gschmückte Tannenbäum im Advent, ab em 17. Jahrhundert für Freiburg, Straßburg und Schlettstadt bezeugt.«

Dr Opa hot sein Wei leertrunka ond gmoint, jetzt wärs Zeit ens Bett.

»Schlof guat, Bua«, hot er no gsagt ond mir en alta schwäbischa Segensspruch aus Raudaburg, wo vermutlich aus dr Barockzeit schtammt, mit uf da Weg geba:

»I wünsch dir s Chrischtkendle ens Herz!«

A FESCHTESSA MIT FREMDE

BERNHARD BITTERWOLF

En eisiga Wind hot übr dia sanfte Hügel em Allgäu blosa. En dem Johr hots bereits scho vor Weihnachda gschneiet ghet und die Temperatura waret weit untr dr Gfrierpunkt gsunka. Dr Bauer hot an dem Adventssonndigmorga no noch seine Viecher em Schtall gucket. Aufm Weg zruck ens Wohnhaus, wo er seit dem Tod von seinra Frau ganz alloi drhoim war, hot er drei Gstalta bemerkt, dia am Gartazaun gstanda send und sich leise unterhalta hend.

Mit dr Frog »Ka i ui helfa?« isch er auf dia fremdländisch aussehende Männer zuaganga. Dia hont en schüchtern a weng agLächlet und ihm dann a amtlich aussehendes Schreiba zoigt. »Wir dorthin! Müssen uns melden!«, hot der Dunkelhäutige mit de fraindliche Auga gmoint.

»I hon mei Brilla im Haus – kommet doch mit rei, noch mach i uns was zum Essa und guck mir den Brief a!«

Dera Eiladung send die drei, dene dia Kälte sichtlich zum schaffa gmacht hot, gern gfolgt.

Rund um dr alte Bauratisch hockend hont dia drei Fremde und ihr Gastgeber gsottene Bodabiera mit Käs und en selbrgmachta Kräuterquark gspachtlet und des Essa regelrecht genossa. Für dr alte Bauer war des a richtigs Feschtmahl, weil er sonsch jo immer einsam am Tisch hocket.

»So stell i mir s Paradies vor«, moint er. »D Leit hocket beianand und schwätzet mitanand und it überanand!«

Als bsondere Spezialität hot der Bauer seine Gäscht dann no Salbeimäusle auftischt, en süßa Nochtisch, den sei Frau immer an Feschtdäg dr Familie kredenzt hot. Beim Essa send dann die drei Fremde auftaut, hont ihra Angst abglegt und ihre Lebens- und Leidensgschichta vrzählt.

Achmad, Amanuel und Samir hont sich auf dr Flucht aus ihre Heimatländer kennaglernt. Dia Strapaza und der Schrecka von dera lebensbedrohlicha Überfahrt im a überbsetzta Schlauchboot isch ihne no en de Knocha gsteckt. Bloß ihra Hoffnung auf a bessere Zukunft hont se dera Todesangst entgegasetza könna.

»Wir sahen am sternklaren Himmel immer wieder einen hellen Stern und wussten, er führt uns zu guten Menschen«, vrzählt Samir. »Ich komme aus dem Heiligen Land, bin Palästinenser und hoffe, hier Geld zu verdienen, um meine Lieben vor dem Hungertod bewahren zu können. Wenn ich es nicht schaffe, ist das der Untergang meiner Familie.« Radebrechend hot dr Amanuel ergänzt: »Mein Heimat ist Eritrea. Dort alle Hunger. Ich politisch. Festgenommen und gefoltert. Meine Familie mich freikaufen. Jetzt seit viel Wochen unterwegs. Jetzt wird besser!«

Mit Träna in de Auga hot dann dr Achmad die einstige Schönheit von seinra Heimatstadt Aleppo en Syrien gschildert.

»Heute ist dort alles zerbombt. Kein Stein steht mehr auf dem anderen. Ich bin froh, dass ich schon sehr früh Deutsch gelernt habe. Wir drei waren uns auf Anhieb sympathisch und zu dritt kann man vieles besser aushalten. Andere Flüchtlinge haben uns, weil wir alles miteinander machen, schon als Dreigestirn, als Kleeblatt und einmal sogar als Heilige Drei Könige bezeichnet. Die Angst vor dem Tod und einer ungewissen Zukunft haben uns zusammengeführt. Jetzt sind wir auf der Suche. Auf der Suche nach einem Ort, an dem Friede herrscht, wo unser Leben nicht ständig bedroht ist, wo Menschen sich nicht plagen, nicht mit Waffen aufeinander zielen, wo es keinen Neid, keine Angst und genügend Nahrung für alle gibt.«

Dia drei hont sich dann no ganz herzlich für des Feschtessa und dia Auskunft, noch dera sia jetzt die Erschtaufnahmeeirichtung it weit weg vom Baurahof hont finda kenna, bedankt.

»Wia lang suachet ihr scho noch so ma Ort, wo s Frieda gibt?«, hot der Bauer no gfrogt, als seine Gäst mit hochgschlagene Mantelkräga wieder loszoga send und Spura em Neuschnee hinterlassa hont.

Er hot gmoint, er hätt no ganz leise a Antwort ghört: »Schon seit mehr als zweitausend Jahren!«

IHR BUABA UND MÄDLA

MELODIE (IHR KINDERLEIN KOMMET): JOHANN ABRAHAM PETER SCHULZ (1794)
SCHWÄBISCHER TEXT: BERNHARD BITTERWOLF
TEXT »IHR KINDERLEIN KOMMET«: CHRISTOPH VON SCHMID

1. Ihr Buaba und Mädla, heit Nacht isch was los.
   Des Chrischtkendle flagget auf Heu, Stroh und Moos.
   Im Schtall isch's gebora für uns arme Leit,
   Heit Nacht, do beginnt jo a ganz nuie Zeit.

2. Ihr Buaba, it triala, etz machet eich auf,
   Vorbei isch des Gruaba, für eich hoißts etz: Lauf!
   Ge Bethlehem springet und bringet dem Kind
   Des, was jeder Bua en seim Hosasack find.

3. En Stoi, au a Wurzel, a Stück voma Soil,
Des Christkindle freit sich und denkt sich sein Doil.
Ihr Mädla, ihr singet dem Kindle was vor,
Des gibt jo ganz sicher dr schönst Weihnachtschor.

4. D Maria, dr Josef, dia looset eich zua,
Drum singet ganz leise, des freit au den Bua.
Des Chrischtkindle lachet und strahlt eich dann a,
Do denket ihr alle s ganz Leaba no dra!

5. Vom Feld kommet Hirta und bringet dem Paar
En Korb voller Essa, denn ihne isch klar:
Mit Schwaazwurst, mit Zwiebel, mit Ranka vom Brot
Kasch lindra dr Hunger und abwenda d Not.

6. Mir freiet uns alle, denn mit dieser Stund
Hot d Menschheit zum Feira en wichtige Grund.
Dr Heiland isch komma als Kindle auf d Welt,
Bringt Frieda auf d Erda und des isch, was zählt.

SCHTILLE NACHT ODER: A LIAD FÜR D EWIGKEIT

EDI GRAF

Es ischt en kalter Dezemberdag gwä, kurz vor Weihnachda, dr Schnee isch uf de Dächer ond meterhoch en da Gassa von Mariapfarr em österreichischa Lungau glega, en dr erschta von de zwölf Raunächt.

Dr jonge Hilfsprieschter Joseph Mohr muaß schwer schnaufa, wo er mutterseelaalloi durch dr Schnee schtapft ond sich en Weg zom Hof vom kranka Lechnerbauer bahnet.

Dr jonge Ma – grad dreiazwanzig isch er – isch emmer für d Kranke ond d Arme do, hot de Sterbende s letschte Sakrament gschpendet ond noch de ledige Miadr guggd.

Er isch jo selber a oehelichs Kend gwea, sei Muader war a arme Salzbuger Strickere ond sei Vadder en fahnaflüchtiga Musketier. Dr Scharfrichter vo Salzburg isch sei Dete gwäa ond ufgwachsa ischer arm ond alloi.

Wo er durch da Flecka lauft, sieht'r, wia d Leut vorhussa Boddich mit glühende Kohla ond Weihrauch schwenked und ihre Häuser mid Weihwasser schprenget. En de Stuba riechts noch Raunudla aus Germdoig. Es sind d Raunächt, wo grad agfanga hend, ond des alte Brauchtum vom Salzburger Land wird wia älle Johr pflegt, obwohl's domols, 1816, a liadrichs Johr gwesa isch …

Mr hots als »Johr ohne Sommer« bezeichnet, weil en Indonesia drieba en Vulkan ausbrocha isch ond seine riesa Äschawolka bis noch Salzburg trieba hot, dr Hemmel isch wochalang schwarz gwea, middla em Juni hots gschneit ond d Ernte isch ausgfalla.

S isch Krieg gwea, dr Napoleon hot Naot ond Elend iebers Land brocht, d Baura hend miaßa d Garnisona von de Boyra ond vo de Franzosa durchbrenga ond hend doch selber fascht nix zom Essa ghet. Mit Sägmehl hend se dr Brotdoig gschtreckt ond Bettler hots ghet wia nia.

Dr Prieschter vo Mariapfarr ischt an sellem Dezemberobed uf em Rückweg vom Lechnerhof no gschwend en d Kirch »Zu unserer

Lieben Frau«, weil er sei Gsangbuach vergessa ghet hot. Außerdem wars drinna, en dr Kirch, emmer gleich warm oder kalt, weil dia dicke Maura d Kälte dussa ghalta hen, ond em Altrarraum emmer a baar Kerza brennt hen.

Dr Hilfspfarrer steigt dia zwoi hölzerne Stufa zom gotischa Flügelaltar nauf ond bleibt wia emmer gschwend standa, bekreuzigt sich ond verschnauft. Ond vo oim vo de Tafelbilder ra lachet en s Chrischtkendle a. S sitzt dr Maria uf um Schoß, ond dia Heilige Drei Keenig brenget em ihre Gaba.

S Chrischtkendle hot en wuscheliga, blonda Kopf und guggt a bissle vrschlofa aus dr Wäsch. Sei rechts Händle streckts nuf zum Himmel, wo mit koschtbarem Blattgold verhanga isch.

Dr Hilfspfarrer Joseph Mohr nemmt a leers Blatt aus em Gsangbuach und holt a Feder ond s Dintafässle aus dr Sakrischtei. Ond wia er des Chrischtkendle so blond g'lockt ond miad en da goldene Himmel gugga sieht, schreibt er en Satz ufs Babier:

»Holder Knabe im lockigen Haar, schlaf en himmlischer Ruh.«

Und uf oimol quillts aus em raus, ond ruckzuck isch en ganza Vers fertig …

Ond wie's so schtill om en rom isch, ond er dia Heilige Familie onderem goldena Himmel sieht, dichtet er grad weiter ond schreibt no a zwoite Stroph:

Stille Nacht! Heilige Nacht!
Die der Welt Heil gebracht,
Aus des Himmels goldenen Höhn
Uns der Gnaden Fülle läßt seh'n
Jesum in Menschengestalt.

Zfrieda goht er naus aus dr Pfarrkirch und schreibt drhoim en de nägschte Däg nomol vier andere Versla.

A Johr schpäter ischt dr Hilfspfarrer Joseph Mohr so krank worda, dass er aus em raua Mariapfarr em Lungau noch Oberndorf an dr

Salzach nonder zoga isch, wo d Wenter milder waret. Ond sei Gedichtle, des hot er mitgnomma …
Es war oiner von dene klare Winterobed, wo in Arnsdorf em Salzburger Land a wunderbare Orgelmusik aus dr ehrwürdiga Wallfahrtskirch »Maria im Mösl« en d Nacht nausdrunga isch. Drinna, em Kirchle, zieht dr Dorfschullehrer und Organischt Franz Xaver Gruber älle acht Regischter von dr goldverzierta Orgel und losst dia Pfeifa so herrlich dröhna, dass es wia en warma Wend en d Winternacht nausblost.

Dr Franz Xaver Gruber isch 29 Johr alt, an selle Weihnachda 1818, wo en Oberndorf, em Nochberflecka dr neue, jonge Hilfspriester Joseph Mohr von dr Sankt-Nikola-Kirch sei Mess für d Heilig Nacht vorbereitet. Er isch grad oi Johr em Flegga ond woiß, dass er irgendebbes Bsonders macha muass, damit's dene arme Leit en ihrm Elend an Weihnachda wenigschdens a bissle warm oms Herz wird …

An dem Obed isch dr Hilfspfarrer von Oberndorf z Fuaß zom Franz Xaver Gruber noch Arnsdorf komma ond hot em a Gedicht brocht, des den junga Lehrer auf a seltsame Weis berührt hot:

Stille Nacht! Heilige Nacht!
Wo sich heut alle Macht
Väterlicher Liebe ergoß
Und als Bruder huldvoll umschloß
Jesus die Völker der Welt …

Die Stroph basst, wie au älle andere fenf Stropha von dem Gedicht, ganz genau zu dene Menscha, für die dr jonge Lehrer, Organischt ond Mesner Franz Xaver Gruber sonndichs en dr Kirch Orgel spielt, d Kirchaglocka läutet ond – jetzt vor Weihnachda – s Kripple aufschtellt:

Dr Josef ond d Maria mit em Kend em Straoh, dr Ox ond dr Esel, d Schof ond seine Lieblingsfigura: d Hirta. Oiner von dene Hirta mag dr jong Gruber bsonders, weil der en kloina Schubkarra hot, ond en den duat'r emmer Salz nei, wenn er d Figura aufstellt.

Salz war's nämlich, mit was mr em vier Kilometer entfernta Oberndorf an dr Salzach scho seit viele hondert Johr ghandelt hot. Aber jetzt, wo's uf oimol dui neu Grenz nach Bayern geba hot, hend dia

Oberndorfer Salzach-Schiffsleut nemme oifach am andera Ufer ihr Salz verkaufa könna.

Dr Salzhandel isch zsammabrocha ond d Not isch groß en dr ganza Geged ond en dr Gmoind.

Dr Hilfspfarrer Mohr hot an sellem Dag em Lehrer Gruber des Gedicht überlassa, damit er a Melodie drzua schreiba könn.

»Woisch«, hot dr Joseph Mohr gsait, »oine, wo mr ganz leicht senga ond uf ma oifacha weltlicha Instrument drzua spiela ka.«

Beseelt von dera Orgelmusik, wo er vorher no en dr Kirch gschbielt hot, isch dr Lehrer Gruber en sei Dorfschul nüberganga ond über die eng, knarzig Trepp en d Rauchkuche naufgschtiega, wo sei Frau Elisabeth am offena Herd Breedle bacha hot.

Ond wie dr Duft von dene Sprengerle ond Ausstecherle en d Nas nuffzoga isch, ond er en dr friedlicha Stille hockt, goht em oi Stroph von dem Gedichtle net aus em Kopf:

Stille Nacht! Heilige Nacht!
Lange schon uns bedacht,
Als der Herr vom Grimme befreit,
In der Väter urgrauer Zeit
Aller Welt Schonung verhieß.

»Morga isch Heilig Obed«, denkt dr jong Lehrer ond Organischt.

»Morga, am Heiliga Obed isch dr richtiga Dag, do wird mr scho ebbes eifalla …«

Er isch jo net emmer Kirchamusiker gwea. Wenns noch seine Leut ganga wär, hätt er sei Geld als Leineweber verdient. Aber dr kloine Franz-Xaver hot scho emmer heimlich ond gega da Willa von seim Vadder musiziert ond uf kloine Hölzle en dr Wand seine Fingerübunga gmacht. Ond mit elf Johr isch er s erscht Mol beim Sonndichsgottesdienst an dr Orgl gsessa, lang ischs her …

Ganz bald am Morga vom Heilga Obed isch er scho en dr Schul an seim Lehrerpult gstanda ond hot ufgschrieba, was em wie von selber zuagfloga isch.

»Ond, hosch des Liedle jetzt komponiert?«, frogt dr Pfarrer Mohr sein Freund Gruber am Middag vom Heiliga Obed, und dr Lehrer hebt em a Notablättle na. Leise summt dr Joseph Mohr jetzt die langsam Melodie, em 6/8-Takt, die ihn an a sizilianische Paschtorale erinnert:

»Schee«, sagt er. »Wunderschee …«, ond nimmt des Notablättle zum Üba mit hoim.

Am Heiliga Obed isch d Sankt-Nikola-Kirch en Oberndorf druggt voll. Dr Pfarrer Mohr trifft mit seiner Predigt voll die Sorga ond Nöt von de verarmte Salzhändler en seim Flegga, ond wo d Chrischtmett rom isch, bleibet d Leit nochdenklich sitza.

Bloß dr Organischt Gruber stoht auf ond kommt zum Pfarrer Mohr vor, an d Krippe, wo dr jüngschte Ministrand grad vorher no s hölzerne Jesulein neiglegt hot. Dia zwoi Manna schtandet vor em gschnitza Altarbild, wo mr die Heilig Familie em Stall sieht und im Kreis von de Oberndorfer Salzhändler ond Flussschiffer fanget se a zom Musiziera.

Leise zupft dr Joseph Mohr uf seiner Gitarr a baar Tö, sanft klinget dia Saita en jeden Winkel von dr Nikola-Kirch. D Leit gugget uf ond send ergriffa von dera oifacha Melodie …

Ond no fanget der Joseph Mohr ond dr Franz Xaver Gruber zwoistimmig zom Singa a, ond de Menscha en dr Kirch wird's ganz anderscht.

»Was isch des für a schees Lied …«

»Was isch des für en ergreifenda, hoffnungsvolla Text …«

Ond scho bei dr dritta Stroph summet se mit, bis ganz zum Schluss:

»Da schlägt uns die rettende Stund'
Jesus in deiner Geburt!«

Ond wo des Liedle rom isch, ond dr letschte Ton verklunga, flüschtert oine von de Salzhändlerfraua ihrer Nochbere ganz leis zua:

»Des Lied isch für d Ewigkeit gschrieba …«

Die Geschichte beschreibt in freier Form die Entstehung des Lieds »Stille Nacht«, unter besonderer Berücksichtigung der drei heute vergessenen Strophen.

SCHDILL ISCH D NACHD

MELODIE (STILLE NACHT): FRANZ XAVER GRUBER
TEXT: JOSEPH MOHR
SCHWÄBISCHER TEXT: EDI GRAF

1. Schdill isch d Nacht, heilig isch d Nacht,
   Älles schloft, koiner isch wach,
   Bloß no d Maria ond Josef alloi,
   Ond des Büable, so monzig ond kloi.
   Schlof em Kripple, mei Bua,
   Schlof em Kripple, mei Bua!

2. Schdill isch d Nacht, heilig isch d Nacht,
Pfätschakendle, gucket, wias lacht,
S Göschle isch offa ond d Auga sind zua,
Du bisch mei Hoffnung, mei Retter, mei Bua,
Jesulein, du ganz alloi.
Jesulein, du ganz alloi.

3. Schdill isch d Nacht, heilig isch d Nacht,
Hirta! Jetzt losnet no bei eirer Wacht
Von dene Engele s Gloria
Ond dr Komet leichtet bis zu eich ra,
S Jesulein isch wirklich da,
S Jesulein isch wirklich da.

DR ENGEL VO DR SCHTILLA NACHT

EDI GRAF

Er duad sich schwer in dera Johreszeit. Vielleicht, weil er d Kälde ned mag. Vielleicht aber ao, weil se ihn an den Abschied erinnert. An den endgültiga Abschied. En liaber Mensch, für emmer verlora, zwoi Wocha vor Weihnachda. Endgüldig. Für emmer.

Er woiß selber ned, wia er des aushält. Worum er ned oifach ausbricht, abhaut, dia Kälde hender sich losst. Ond mit dr Kälde ao des ganze Leuchda ond Klingla in dr Advendszeit, was er ieberhaupt ned braucha ka. Uf da andra Seit isch es für ihn dia Zeit, wo er mid seira Musig ebbes verdiena ka.

Wenner onderm Johr mit seira Klarinedd in de Fuaßgängerzona schpielt, ond dr Bernie en mid dr Gidarr begleidet, werfed d Leit em Vorbeiganga a baar Cent in d Kabb, wo vor na uf em Boda liegt. Aber an Weihnachda bleibet d Leit schtanda ond d Münza sen greeßer wia an de laue Sommerobad. Manchmal rieselat sogar Schei' – a baar kloine Schei' – in d Kabb. Er verzählt Weihnachdsgschichta ond se schpielet ond singet drzua Weihnachdsliader.

Leise rieselt der Schnee …

Ao wenns scho seit Johr nemme gschneit hot an Weihnachda.

Es hat sich halt eröffnet das himmlische Tor …

Ois vo de wenige heitere Weihnachdsliader. Vielleicht mag ers deswega bsondersch. Ond weils uf Schwäbisch isch, mid de »Butzigagela«.

In der Weihnachtsbäckerei …

Do lachet d Leit ond summet freehlich mit.

Ond des Lied, für des dia greeschte Schei' rieslat:

Stille Nacht …

D Leit bleibet schtanda ond lauschet dera ergreifenda Melodie. Ond so, wia ses schpielet, mit ma Hauch von Vibrato uf dr Klarinedd ond em Schluchza vo de Gidarrasaita in ra woicha B-Tonart, gohts onder d Haut. Ond wenner singt, isch d Kabb voll Schei'.

Noch sellem Abschied hot ers vermieda, des Liad zum singa ond schpiela. Er, dr Musiger, wo de Leit Fraid macht mit seirer Musig. Es hots oinfach nemme höra kenna, des wonderbare Liad. Des hoffnungsvolle Liad. Er hots oifach z arg mid dem Abschied verbunda, woner hod nemma müssa. Wenner seitdem des Liad ghört hot, isch er uf Dischdanz ganga. Hot sich zrückzoga. Isch gfloha. Weil er glaubt hot, dass ers ned verträgt.

Stille Nacht. Einsame Nacht. Donkle Nacht.

Schatta send uf seirer Seel glega ond hennem d Kehl zuagschnürt, wenn des Liad komma isch. Scho dia erschte zwoi Takt hen glangt, dass er mit de Träna kämpft hot, er hots oifach nemme heera kenna. Des oifache Liad, wo so onder d Haut goht. Dr Bernie hot en verschtanda, ond se hends wegglassa. Dia zwoi Musikanda hend uf Stille Nacht ganz oifach verzichtet. Bis dr nägschd Wender komma isch …

Was en sellem Wender bassiert isch, hot er schpäter als a Wonder agseha: A klois Mädle mid lange, blonde Hoor ond hemmelblaue Auga isch uf em Weihnachdsmarkt vor dene zwoi Musikanda gschdanda ond hot en beobachtet, wie er gsonga ond gschbielt hot. Ond wo se fertig waret, ond d Kabb voller Münza gwea isch, hot se gsagt:

»Geld han i kois, aber in han in dr Schual a Engele baschdelt. Derf i dir des schenka?«

Ond sie hot em a kloins, graus Engale mit weiße Fliegele ond ma Lächla em Gsicht naghoba.

»Des isch en Beschützerengel«, hot se gesagt, »der bassd uf de uf, ond hilft dr.«

Er hot sich bedankt ond des Engale mid seiner Klarinedd eipackt.

En dem Wender hot mr dia zwoi von de Stroßa in da Konzertsaal gholt. Ihr Musig sei viel z schad für d Fuaßgängerzona, hot dia alte Frau gsagt. Sie hot a großes Advendskonzert plant, mit ma Chor, Solischta ond ra Schtubamusig. Er däd mid seira sonora Schtimm d Weihnachdsgschichd lesa ond se däded singa ond schbiela.

»Ond *Stille Nacht* muaß komma«, hot dia Frau gsagt, »weil des Liad in dem Wender da 200. Geburdsdag feiret.«

Er hod gmoint, wenner a Geschichd drzua verzählt, däd's em leichter falla, des Liad zum senga ond hot drzua a Gschichd gschrieba, *A Liad für d Ewigkeit.*

Wo se noh des Gschichdle ond des Liad kurz vor em Konzert probt hend, kämpft r. Er schdoht im leera Saal auf dr Bühne ond starrt nonder uf dia Stuhlreiha. In zwoi Schdunda hogged do d Leit ond wartet uf des Liad. Er liest dia Gschichd ond fühlt des Zittra en seirer Schtimm. Dr Gihdarrischd legt sei ganze Musikalidäd in dia Tö', mit denne er dia Gschichd onderlegt, ond zupft mit ganz viel Herzbluat s Motiv, bloß drei Tö'. Als er dia Wort »Schtille Nacht – heilige Nacht« sprecha soll, bricht em d Schdemm.

»S goht ned«, sagt er zum Gihdarrischd. »Du muasch des alloi durchziah. I pack des ned.«

In genau dem Aogablick leichdet a blaus Licht uf seim Händy. A SMS? Koin Absender! Bloß vier Wörter: *Denk an den Beschützerengel!*

Dr Saal isch an dem Obed faschd bis uf da ledschde Blatz voll. D Leit sen komma, zom ihr Musig ond seine Geschichdla heera. Er holt des Engale ond legts so neba sich na, dass ers mit em ausgschtreckta Arm berühra ka. Ond se hend gsonga. Ond noh isch dia Gschichd komma.

A Liad für d Ewigkeit.

»Es ischt en kalter Dezemberdag gwä, kurz vor Weihnachda«, hot r agfanga, ond während r glesa hot, send seine Finger ieber des Engale gschdricha, ond er hot a seltsame Kraft gschpürt.

Wo se noh des Liad gschpielt ond gsonga hen, hot er d Auga zuagmacht ond dia Kraft von dem Beschützerengale emmer noh in sich gfühlt. A Ruah isch in em gwäa ond hot em Sicherheit geba. Ond wo er seine Auga wieder ufgmacht hot, isch uff oimol des Mädle mid dene lange, blonde Hoor ond de hemmelblaue Auga en dr erschta Roih ghoggt ond hot en aglacht. Uf ma Schtuahl, wo vorher no leer gwesa isch. Ond er isch sich schpäter ganz sicher gwäa, dass se sogar kloine Fliegele und a leuchtends Kränzle uf em Kopf ghet hot. Ond zmol hot er gwisst, dass des en echter Engel war, wonem des kloine Beschützerengale gschenkt hot. Dr Engel vo dr Schtilla Nacht.

WIEDER WIRDS LIACHT

BERNHARD BITTERWOLF

Sei ganz Leaba hot er dem Ehrenamt gwidmet. Wo Not am Mann war, isch er eigsprunga, hot gwualet, gschaffet, gschwitzt, sich vrausgabt – aufopferungsvoll aktiv im Vereinsleaba und nimmermüad in de Diskussiona im Gmoindsrot. Um Obdachlose hot er sich kümmret und d Jugendarbet im Dorf auf sichere Füaß gstellt, war Vorstand, Schriftführer und Kassier in verschiedene Musik- und Sportverei.

Nadürlich isch er von Jung und Alt au a weng belächelt worra: Warum duat er des alles? Koin Mensch wirds em je danka.

Und so isch au komma.

Obwohl er immer en attrakiva Ma war, hot er nia Zeit für a Ehe gfunda. Heit hockt dr Emil alloi drhoim, s Rheuma ploget, sei Augalicht schwindet, seine Kräft losset noch und oft denkt er an frühr zruck.

Morga, am 24. Dezember, jährt sich sein Geburtstag zum achzigsta Mol. Jo, er hot sich immer a bissle wia s Chrischtkendle gfühlt, vor allem wenn er zu seim jährlicha öffentlicha Adventsgeburtstagsessa in dr Gemeindesaal eiglada hot. Sein eigentlicha Geburtstag am Hoiliga Obend war in de letschde Johrzehnt immer a einsams Fest drhoim. Seit über zwanzg Johr gibts au des öffentliche Geburtstagsessa nemme. Viele Neubürger im Dorf kennet ihn it, wisset nix über seine Verdienst für d Allgemeinheit, viele seiner Mitstreiter in de Verei sind längst aufm Gottesacker und de Junge kümmret sich weder um d Verei noch um de alte Leitla em Ort.

Dia Sitzordnung bei seim jährliche Adventsgeburtstagsessa kurz vorm Hoiliga Obend war immer a hoikels Gschäft! Dr Emil hot drauf gachtet, dass dia, dia übers Johr weg mitnander weaga Kloinigkeita gstritta hond, neabaanander ghocket sind. Und siehe da: Spätestens nochm dritta Viertele Trollinger isch der uselige Zwist beiglegt worra und au de größte Streithähn sind sich beim Singa in de Arm gleaga. Dr Emil hot bsonders gern den Kanon »Wieder wirds Liacht« aus dr Feder von seim Männerchordirigent gsunga.

In dera Nacht vor seim achtzigsta Geburstag schloft der Emil it guad. Im Traum trifft er alle seine ehemalige Vereinsmitstreiter, durchleabt nomol die viele gemeinsame Feschtla und denkt au an dia zahlreiche Beerdigunga in de letschde Johr. Ziemlich müad schmückt er am 24. Dezember wia jeds Johr sein Chrischtbaum. Des Mittagsschläfla dauert a weng länger, s nachtet scho wiedr. Sei Hausdürglock schellet, er schreckt aus seine Träum hoch. Wer will am heitiga Tag was von ihm? Wer schellet um dia Uhrzeit? Braucht en Nochbr vielleicht no a bissle Zucker?

Langsam schlurft er zur Dür, macht auf, gucket naus und wundret sich über di oizecht Kerz, dia brennend auf seim Haussteffel stoht. Wo kommt dia Kerz her?

Aus dr Dunkelheit löset sich Gstalta mit brennende Kerza in de Händ. Dr Emil hebt sein Kopf und erkennt dia Söhn und Töchter von seine Freund, seine frühere Kamerada, seine Vereinskollega, ka seine Träna nemme zruckhalta und bläret Rotz und Wasser, als alle mitnand den Adventskanon singet:

Wieder wirds Liacht auf unsrer Erde,
Frieda und Freid kehrat bei uns ei.
Geabet eich d Hand, öffnet eira Herza,
d Liebe wird dann um uns alle sei!

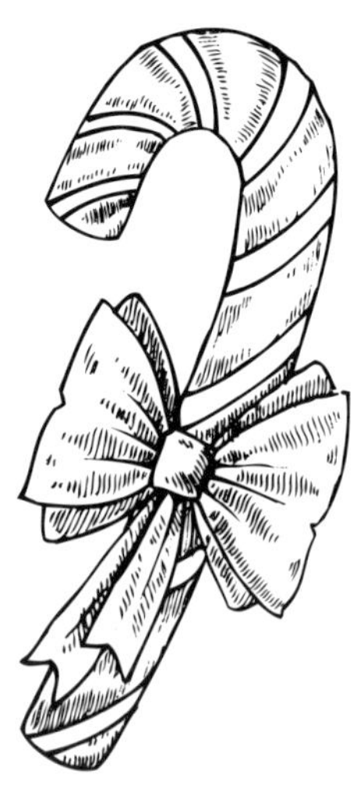

WIEDER WIRDS LIACHT

MUSIK UND TEXT: BERNHARD BITTERWOLF

DR NUSSBAUMPFLANZER

BERNHARD BITTERWOLF

Em Herbst sott ma d Bäum pflanza, des woiß ma dussa aufm Land. Deshalb knienalet dr alt Xaver kurz vor em erschda Advent direkt neaba seiner Chrischtbaumblandaasch auf ma fruchtbare Stückle Acker im Haistergau und pflanzt untr Schnaufa und Schwitza lauter kloine Nussbaumsetzling en dr nasse Boda. Sein wohlhabender Nochber kommt vorbei und gucket dem schwitzende alte Ma zua.

»Xaver, was machsch du do?«

»I? Ha, des siesch doch, i pflanz kloine Nussbäum!«

»Nussbäum, aha«, antwortet dr Nochber und schüttelt drbei verständnislos sein Kopf. »Lass doch dia schwer Arbet sei und gang liebr mit mir num ins Gasthaus ›Zur Rose‹. Mir trinket dett a Gläsle Rotwei – natürlich auf meine Koschta! Es goht jo auf Weihnachda zua, do sott ma a bissle langsamer dua.«

»Wenn i mit meinra Arbet fertig be, gang i gern mit dir zum Eikehra!«, verspricht dr Xaver.

»Sag mol, mein Freind, wie alt bisch du etz eigentlich?«, frogt dr Nochber.

»I? I bin weit übr siebzge«, sagt drufna dr Xaver.

»Etz guck mol«, bohrt dr Nochber noch, »bis deine Bäum groß sind und Frücht traget, verganget viele Johr. Mir isch scho klar, dass Nussa, en Goldwasser daucht, en wunderscheene Chrischtbaumschmuck send. I hoff zwar, du wirsch hundert Johr alt, aber i fürcht, du wirsch dia Ernte vo deiner harte Schafferei nemme eifahra könna!«

»Etz überleg mol, liebr Nochber, i hon mei ganz Leaba lang Nüss gessa. Nüss vo Bäum, die en anderer vor Jahrzehnten pflanzt hot. Heit pflanz i, damit unsere Nochkomma au Nüss ernta könnet, zum Essa und als Chrischtbaumschmuck. Und i pflanz dia Setzling au als Dank an den Unbekannta, der vor Johr und Dag genauso denkt und gschafft hot wie i heit!«

»Du hosch mir grad a große Lektio erteilt, Xaver«, moint dr Nochber. »I dank dir dafür mit ra guta Flascha Wei; den Wei bring i dir heit Obend no vrbei!«

Er druckt dem Alte dankbar d Hand.

»Vergelt's Gott für den Wei, mein Freind. Du siesch, manchmol passieret scho komische Sacha. Do sagsch du mir, dass i dia Ernte von dem, was i dua, it eibringa könnt und no vor i mit dera Arbet fertig be, ernt i a guade Flasch Wei und den Dank voma Freind no drzua. Alles was en Mensch duat, fallt wiedr auf ihn zruck. Abr oft ganz andersch, als ma es erwartet hätt.«

»Du bisch wirklich en gescheita alta Ma. Dia zwoit Lehre isch jo fascht no wichtiger als dei erschte Aussag. Do drfür sag i dir nomol danke mit ra Flasche Wei!«

»Ha, des wird jo immer komischer«, moint dr Xaver und lachet. »I pflanz, abr it, um a Ernte zum hon – und no bevor i fertig bin, hon i it bloß oimal, sondern bereits zwoimal geerndet. Des Leaba von uns Menscha hält viele Weag offa.«

»Etz isch abr gnua Hai hunda, Xaver. Wenn du mir no weitere Lebensweisheita mitgeaba willsch, wird mein ganza Weikeller wohl nemme ausreicha, um dei Wissa aufzumwiega!«

FRAI DE HEIT, S ISCH WEIHNACHDSZEIT

A »ZUFÄLLIGE« BEGEGNUNG IM ADVENT

BERNHARD BITTERWOLF

Oh jemine, hond dia Leit a fürchtige Hektik heit am Hoiliga Obend!«, denkt sich der bettelnde Obdachlose, der aufm Boda vor ma großa Kaufhaus hocket und d Leit bei ihre Weihnachdseikäuf beobachdet. A junge Mama, bepackt mit ganz, ganz viele Guggla voller Gschenkla, verschnaufts fast nemme und hetzt mit ihra etwa sechsjährige Dochter im Schlepptau an ihm durch dr Schneematsch vorbei. Dia Dochter isch narred, grätig und sträubt sich gega des Tempo und dia Unruha von ihra Muaddr, basst it auf und macht en Schritt seitwärts naus auf d Stroß – genau in dem Moment, wo en riesagroßa, schwaaza Geländewaga rückwärts in a Parkbucht eibieagt. Dr Autofahrer ka des kloine Mädle im Rückspiegel auf koin Fall seha, aber dr aufmerksame Bettler springt auf, hechtet auf des Kind zua und zieahts im allerletschde Augablick auf d Seita.

»Des hett bös ausganga kenne!«, flüstert er leise vor sich na, als dia jung Muaddr mit schreckensweite Auga ihr Kind in dr Arm nimmt. Träna der Erleichterung schtandet in ihra Auga, als se sich zu dem ungepflegta Ma rumdreht: »Dankschee! Sia hond grad a ganz großes Uglück verhindert. I woiß gar it, wo mir dr Kopf heit schtoht. Mir pressierts so arg, abr i dät Sie gern auf a Tässle Kaffee, Tee odr Schoklad eilada. Als klois Dankschee sozusaga. Hättet Sia Zeit?!«

»Zeit isch genau des, was i im Überfluss hon«, moint der Bettler und folgt mit gsenktem Blick der junga Frau und ihra Dochter in des Kaffeehaus ums Eck, wo er sonsch alloi nia neiganga wär. Er hätt sich oifach it getraut. Wo se noch do em Warma vor ra Tass mit dampfend hoißr Schoklad hocket, kommet die boide Erwachsene und des Mädle mitnand ins Gespräch. Dr Schreck isch vrfloga, dr Puls beruhigt sich langsam wiedr und des gegaseitige Vorstella nimmt sein Lauf.

»I sott no en Haufa Sacha eikaufa«, vrzählt dia jung Muaddr. »Mein Ma ka mir leider it helfa. Er isch seit seiner Kindheit blind, hockt etz drhoim und wartet auf uns. I bin heilfroh, dass Sie unserer kloina Anna gholfa, jo, vielleicht sogar s Leabe grettet hond!«

»Abr des isch doch selbstverständlich«, wehrt der Obdachlose dia Dankeswort ab. »I ka ganz guad vrschtanda, wias der Anna grad goht. Bloß funktoniera, weils de Große so wellet, des war au nia mei Sach.

S isch etz scho a paar Jährle her. Mein älterer Bruadr und i hond aufm Autorücksitz gschtritta, als mir mit unsere Eltra auf dr A 8 Richtung Schtuagert unterwegs waret. Unser Vaddr hot sich zu uns rumdreht und do drbei d Kontrolle übers Auto verlora und en Ufall baut. Dr Papa und d Mama sind drbei gstorba. Mein Bruadr und i waret stark verletzt. Mi hont se dann in a Waisehaus gsteckt und mein Bruadr weaga seine Gsichtsverletzunga in a Spezialklinik brocht. I hon mi ganz arg schuldig gfühlt, bin aus dem Waisahaus bei Nacht ausgstiega und war dann in de letzschde Johr als Matros auf alle sieba Weltmeer unterwegs.«

»Und warum sind Sia dann heit do vor dem Kaufhaus ghocket?«, frogt dia kloi Anna mit weit aufgrissene Auga.

»Woisch, noch so viele Johr in dr Fremde, bin i auf dr Suche noch meine Wurzla. I will gern des Grab von meine Eltra bsucha und mein Bruadr, den i seither nemme gseha hon, ausfindig macha. Leider isch mir s Geld ausganga. Etz leab i halt auf dr Stroß, des isch it weiter schlimm. Do hon i mei Freiheit, ka dua und lassa, was i will.

Bloß wenns so kalt isch wia heit …«

»Wisset se was«, fällt em dia jung Frau ens Wort. »Kommet se doch oifach mit uns hoim. Mein Ma hot sicher nix drgega und no kennet Sie mir beim Chrischtbaum aufstella helfa.« »Au ja!«, freit sich do dia kloi Anna.

Der blinde Vaddr Alfons war scho a bissle besorgt, weil seine boide Mädla so lang en dr Stadt waret. Als er aber von dem »Beinaheunglück« hört, bedankt er sich meh als herzlich bei dem Obdachlosa, der sich als Charly vorstellt, bittet ihn a Bad zum nemma und ladet ihn dann zum abendliche Weihnachdsessa ei. Wo dann dia vier feierlich gstimmte Menscha noch Kartoffelsalat mit Soitawürschtla am mittlerweile prächtig gschmückte Christbaum standet, frogt der Gast d Anna und ihre Eltra: »I mecht mi gern bei eich für dia Gastfreundschaft bedanka. Derf i vielleicht a kloins Weihnachdslieadle singa?«

Anna, ihra Mama und ihr Papa nicket aufmunternd. Mit rauer, ungeübter Stimm singt der sichtlich gerührte Ma:

Juchzget, ihr Leit, freiet eich heit!
Singet und jublet, s Fescht isch it weit!
Singet mitnand, koiner schtoht heit am Rand.
Frieda wird komma in jedem Land.

Scho bei de erste Tön lupft Vaddr Alfons sein Kopf. Aufgregt frogt der Blinde sein Gast: »Ha, des derf doch it wohr sei. Woher kennet Sia des Liad?«

Dr Charly gucket sei Gegaüber stirnrunzelnd a: »Mein Vaddr war Tanzmusiker. Immer wieder hot er sich kloine Melodia ausdenkt. Des Lieadle, en ganz oifacha Kanon von ihm, hond mir bis zu dem Ufall auf dr Autobah immer am Hoiliga Obend gsunga. Hot Ihna dia Melodie it gfalla?«

Dr Alfons wird ganz bloich em Gsicht und stammelt: »Ganz im Gegadoil. Sag mol, Charly, welchr Name schtoht in Deim Pass, doch it etwa Karl?«

»Doch, freile. Was sonscht?«

Mit weit ausbroitete Ärm goht dr Alfons auf sein Gast zua: »I bins! Dein Bruadr! Durch den Ufall domols hon i s Augalicht verlora, aber it mei Gedächtnis. An des Liead von unserem Vaddr ka i mi no guad erinnera.

Du hosch domols scho it bsonders schee singa kenna«, lacht er. »Aber über dia Musik hon i di wiedererkannt! Herzlich willkomma drhoim, Karle!«

Juchzget, ihr Leit

Musik und Text: Bernhard Bitterwolf

Kanon

① D Em A7 D

Juchz - get, ihr Leit, frei - et eich heit!

②

Sing - et und jub - let, s Fescht isch it weit!

③

Sing - et mit- nand, koiner schtoht heit am Rand.

④

Frie - da wird kom - ma in je - dem Land.

A Weihnachdsgschenk fürs Herzle

Bernhard Bitterwolf

1. Mei Frau, dia will zur Weihnachd
   A Gschenk, des sie saumäßig freit.
   Doch mir fallt nix ei,
   Was des könnt sei,
   Und langsam wird etz knapp mei Zeit.

   Mei Frau, dia will zur Weihnachd
   Koi neies Bügeleise meh.
   Au dia warme Schlüpfer aus Woll
   Fand se it guad, des sei it toll.

2. Mei Frau, dia will zur Weihnachd
   Koin neia Kochtopf oder so.
   Sia will au koin Beasa
   Und nix zum Leasa
   Und au koi Bürste für des Klo.

   Mei Frau, dia will zur Weihnachd
   Was, das ihr Herzelein erfreut.
   Heit Nacht hon i en Traum ghet, it z spät:
   I schenk ihr a Bluatdruckmessgerät!

A Weihnachdsgschenk fürs Herzle

Melodie: Irving Berlin (1940)
Text: Bernhard Bitterwolf

DIA ALT GLOCKA

BERNHARD BITTERWOLF

Im alte Torturm am Ortseigang hanget scho lang koi Glocka meh. In de alte Zeita isch manches an de groß Glocka ghängt worra. Wenns was zum Verkünda gea hot, hot des Glockagläut drauf nagwiesa. Isch en Feind em Anmarsch gwäa, dia Glock hot gwarnt, genauso, wenns irgendwo brennt hot. Der Glockaklang hot ganz oifach zum Alldag in dr Gmoind ghört. Bsonders gern hont d Leit dia Glocka ghört, wenn se zua ma Hochfescht eiglada hot. Vor allem am Hoiliga Obend hot ma auf dia Glockamusik, auf den himmlische Wohlklang, it verzichda möga. Dr Hoilig Obend wär ohne Glockagläut bloß halb so schee gwäa!

Im letzschda Kriag hot ma dia Glock eigschmolza und wahrscheinlich Kanonarohr draus gossa. A Sünd! Traditionsbewusste Bürger bemühet sich seit einige Johr drum, a nuie Glock in den alte Torturm zum hänga. Im Gmoindsrot gibts abr oin, dr Hermann, der sich mit aller Kraft drgega wehrt. Der alt Bruddler moint, des sei z deier, s dät nemme en d Zeit bassa.

Bis vor drei Johr war dr Hermann en gselliga Mensch. Wo noch sei Frau an Krebs gschtorba isch, hot er sich aus allem rauszoga, hocket seither bloß no drhoim, goht nemme an dr Schtammtisch, schwätzt nemme mit de Leit und blockiert em Gmoindsrot oft Vorschläg, dia d Lebensqualidät im Ort schteigra dätet. Seine Aussaga hont immr no Gwicht, desweage wird manche Entscheidung noch seim Satz: »Ha, des brauchts doch it!« verschoba und vertagt.

Beim Schneeschippa kurz vor Weihnachda hot dr Hermann auf dia Frog von seim Nochber »Etz, hosch scho en Chrischtbaum?« sehr unwirsch reagiert: »Noi! I brauch koin!« Bloß desmol hot sich der Nochber it zruckzoga, sondern ringsum a bissle Geld gsammelt, um dem Hermann en Christbaum kaufa zum kenna. Zersch war dia Ablehnung beim Hermann wia erwartet groß, doch dann hot er sich doch broitschlaga lasse und den Baum in seinra Stuba aufgschtellt.

Am 24. Dezember war der Hermann dagsüber im Wald und hot Holz gmacht. Obends dann, alloi drhoim, kam ersch a Flascha Obschtler auf dr Disch, dann hot er dia Wachskerza am Chrischtbaum azündet. Beim

Kerzaschei in seinra Stub isch dr ganz Jammer überm Hermann zammagschlaga. Mit Träna in de Auga hotr sei Trauer em Obschtler ersäuft. Müad wia er war, hots it lang dauert, bis er aufm Stuhl eigschlofa isch, dr Kopf auf dr Tischkanta ond s Schnapsgläsle en dr Hand. D Kerza sind drweil raabrennt.

Was dann bassiert isch, hot dr Hermann uns alle an Dreikönig, wo mir zamma in dr Wirtschaft ghockt sind, so verzählt: »I schreck plötzlich auf. Was bimmlet denn do? Hond dia etz vielleicht gega mein Willa a Glocka kauft und läutet se mir zum Bossa grad heit, grad heit am Hoiliga Obend? Des isch doch …! No merk i ersch, dass es brenzlig rieacht und grad no rechtzeitig hon i den brennenda Chrischtbaum löscha kenna! Beinoh hät des a groß Uglück gäa. Gott sei Dank hon i dia Glocka ghört!«

A halbs Johr später hot dr Gmoidsrot dann a nuie Glocka kauft und unter tatkräftiger Mithilfe vom Hermann im alte Torturm aufghängt.

FRAI DE, O FRAI DE AO HEIT!

MELODIE (SÜSSER DIE GLOCKEN NIE KLINGEN): VOLKSGUT
SCHWÄBISCHER TEXT: EDI GRAF

1. Süßer dont Schella nia schella
Wia en dr Weihnachdszeit.
D Hirta ond d Schäfla ond d Rälla,
Älle dia fraiet sich heit!
D Kenig em Kripple, a keniglich Pracht,
D Kender hend scho ihre Gschenkla ufgmacht,
Des isch a Feschd ond a Fraid:
Frai de, o frai de ao heit!

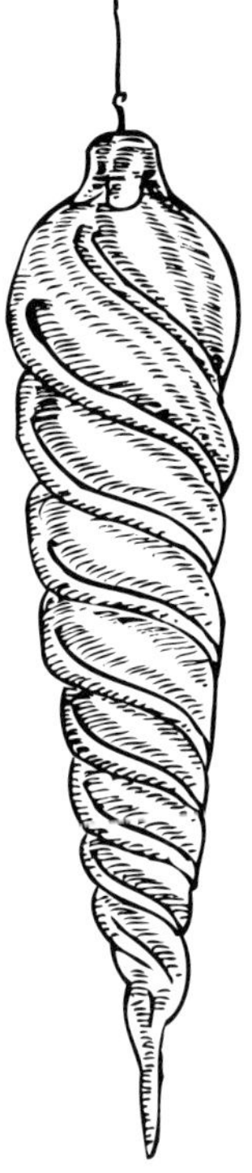

2. Oh, wenn dia Schella so schellat,
Hört mr am Kripple des au.
Vor lauter Fraid, jo do brellat
Dr Hoilig Josef samt Frau.
S bläret vor Fraid ao em Kripple dr Bua,
Öxle ond Esele gugget em zua.
S kommet na Träna vor Fraid:
Frai de, o frai de ao heit!

3. Schellet mit schellendem Schalle
Über da Bodasee weit,
S freiet sich d Hirta ond alle,
Weil es isch Weihnachdszeit.
Älle hend Fraid, ond dia Nacht isch no lang,
Ond mr hört Sackpfeif, Schallmaia ond Gsang.
S senget am Kripple dia Leit:
»Frai de, o frai de ao heit!«

Wann isch Weihnachda?

Bernhard Bitterwolf

Wia a Lauffeuer isch dia freidig Nochricht durchs Dorf ganga: Dr Petros kommt wiedr zruck!

Scho oimol, vor ziemlich gnau drei Johr, isch dr Petros en dem kloina Ort zwischa dene zwoi Endmoränazüg em idyllischa Oberschwoba akomma. Als siebzehajähriger Flüchtling aus Eritrea hot er sich domols scheu en dera für ihn unbekannta Umgebung umgucket. Des zuschtändige Landratsamt war dann ganz froh übr des Angebot von dr Witwe Kurz, a Zimmr für Flüchtling bereitzustella. Nochdem dr Altbauer gschtorba war, schtoht des alt Baurahaus sowieso fast leer. Dia ganze Formsacha waret schnell und ukompliziert klärt. Für dr Petros isch dann a nuie Hoimet em a gaschtliche Haus zur Verfügung gschtanda.

Dia Einahma übr dia Miete waret für d Agnes Kurz völlig neabasächlich, zumal se sich ganz schnell mit dem dunkelhäutiga Jungschbund agfreundet und ihn au bald näher kennaglernt hot. Petros, en hella Kopf, hot dann ganz flott dia schwäbische Sproch glernet; schneller als dia für ihn weaga dera komplizierta Grammatik schwer zum begreifende deutscha Schriftsproch.

In Eritrea hot sich sei Familie politisch engaschiert und sich vehement für demokratische Verhältnis eigsetzt. Vom Regime verfolgt isch ihm dann als oinzigem ausm ganza Familienverbund dia Flucht en Richtung Europa glunga. Immr dann, wenn er radebrechend am Küchatisch seinr Gastgeberin von seinra Familie und au von de Strapaza auf dr Flucht verzählt hot, send em Träna en d Auga gstiega.

D Witwe Kurz hot regelreachte Muddrgfühl für den schüchterna junga Ma entwickelt und der, der hot sich ganz schnell in dia dörflich Gemeinschaft eigleabt. Obwohl er mit dr Sproch so seine Schwierigkeite ghet hot, isch er wellaweag auf seine Mitmenscha zuaganga, hot sich für alles um en rum intressiert und hot dann doch tatsächlich au no a Lehrstell in dera kloina Schreinerei Buchtler, gar it weit weg von seinra Wohnung, kriagt. Freundschafta hot er gschlossa en de Verei em

Ort. Bsonders em Fuaßballverei! Fuaßla, roifla und wetza hot er kenna wia en Has auf dr Flucht. Als talentierter Schtürmer hot er dann mit seine Tor dia erscht Mannschaft von seim Club auf dr dritte Platz en dr Kreisliga gschossa. So weit oba war dr Sportverein no gar nia! Seine Kamerade waret ihm denn au dankbar do drfür.

A Riesafreid am Singa hot dr Petros au ghet. Em altehrwürdige Männerchor, wo er mit seinra hella Tenorstimm gern gseha war, hot er dr Altersdurchschnitt ghörig druckt, abr sprachlich war dia Singerei für ihn von großem Vorteil. Er hot sich en dem Männerchor sauwohl gfühlt.

Freile hots denn scho au mol sei kenna, dass er nochm Sporttraining und dr Singstund s Hoimganga vrgessa hot. Gern hot er sich auf nomol a Bier oder a letzschds Viertele en seinra Stammkneipe »Zur Blume« eilada lassa. Des Aufstanda am Morga drauf isch em dann scho manchmol schwergfalla. Do isch er abr bei dr Witwe Kurz it guad akomma. Dia hot en ghörig en Senkel gstellt, ihn granatamäßig vrseckelt und hot en dann au an seine Pflichta als Gast ema fremda Land erinnert. Mit ma mittelschwera Kater und mit ma schleachta Gwissa em Hinterkopf isch dr Petros dann vor seinra Gastgeberin gstanda und hot jeds Mol, wia alle junge Leit en seim Alter, hoch und heilig vrsprocha, dass »so was nia und nimmer« vorkomma dät. Und sui hots, wia alle Müddr auf dr ganza Welt, jeds Mol wiedr nui glaubt.

Wia en Blitz aus ma heitra Himmel hot dann dia Nochricht von dr Ausländerbehörde dr Petros und dia ganz Dorfgemeinschaft troffa: Petros soll abgschoba werra, er sott wiedr zruck noch Afrika. Au weil Eritrea koi sicheres Herkunftsland isch, hont sich dia Ortsvorsteherin Rosi Blechle, dia Vereinsvorständ und au no dr Landrat für des Dobleiba vom Petros en seinra nuia Hoimet eigsetzt und starkgmacht. Alles umsonscht!

Zruck en Eritrea isch dr Petros zum Militär eizoga worra, hot a soldatische Ausbildung gmacht und drnoch hot ma den Bua zum Minaräumdienst zwangsverpflichtet. En ra rabkommena, baufällige Sanitätsbarack am Rand von so ma Minafeld isch dann en deutsche Mediziner, der do für dia Organisatio »Ärzte ohne Grenzen« gschafft hot, auf ihn aufmerksam worra. A Landmine hot em Petros sein Fuaß zerfetzt.

Dia Wunde war hochgradig entzündet und der junge Patient hot bloß no d Auga vrdreht, gfiebert und vor sich na trialet. Fascht it zum höra war sei leises Vor-sich-na-Schwätza, des stark schwäbisch eigfärbt war. Der deutsche Doktor hot dann en dr Hosadasch von dem junga Ma en Brief gfunda mit ra Absenderadress aus Süddeutschland. Noch mehrere Telefonat, mit ganz viel Beziehunga und mit no meh Glück hots der Mediziner dann gschafft, dass der junge Eritreer ausm Land ausgfloga und en ra deutsche Fachklinik aständig verarztet worra isch.

Und heit isch der groĂa Dag! S hot a bissle gschneielet und dr Rothausplatz und alle Leit, wo dogstanda send und gwartet hont, waret vom Schnee überzuckert. De ganz Dorfgemeinschaft hot sich vrsammlet und alle hont auf den Bus gewartet, der den Petros hot zruckbringa solla. D Fuaßballmannschaft hot sich scho fast en dr Bundesliga gseha und sich deshalb bsonders über des Zruckkomma von ihrem erfolgsverschprechenda Stürmer gfreit. Dr Männerchor isch wia ausm Oi pellt für a Empfangsständle dogschtanda.

Kaum hot der Bus abbremst und aghalta, isch des Gemurmel aufm Platz vrstummt. Arg abgmagert, bloich wia a Leintuch, mit eigfallene Backa, in ra bucklige Haltung und an Krücka humpelnd isch dr Petros ausm Bus ausgstiega und hot sich vrschüchtert umguckt. En Glanz hotr dann in d Auga krieagt, wo er »sein« Männerchor gseha hot. Ganz leise und vorsichtig hont seine Sängerfreund des zur Weihnachdszeit bassende Liead »Maria durch den Dornwald ging« agstimmt. Schwermütig und doch vollr Hoffnung klingt dia alt Melodie in moll.

Petros hot hälenga mitgsunga, weil den Text, den hot er no auswendig drauf ghet. Am End hot er dann en ganz tiefa, aber glücklicha Seufzer dua. Deutlich hont alle um en rum bloß zwoi Wort aus seim Mund ghört: »Wiedr drhoim!«

Härles Max hot sich dann zua seim Sängerfreund Küblers Done rumdreht mit dem Gedanka: »Etz, ersch etz isch Weihnachda!«

Sei schönschte Melodie

Edi Graf

S isch zu dera Zeit gwäa, wo dr Auguschdus Kaiser vom Römischa Reich ond dr Quirinius Schtatthalter z Syria war. Em Schwobaländle hend d Römer grad während em Bau von dr römischa Kinzigtalstroß dia ältescht Stadt von Bada-Württaberg gründet ond zua Rottweil domols aber no Arae Flaviae gsagt. D Fasnet isch ersch später komma. Z *Sumelocenna* – heit däd mr saga z Raodaburg – hend se a römischs Hallabad baut, mit fließend Kalt- ond Warmwasser, von dr Wurmlinger Kabell isch bloß dr Berg gschtanda ond Ljubljana hot noh als Feschtung Emona ghoißa.

Do onda, südlich von dr Schwäbische Alb ond sogar ieber da Bodasee nom, z Kranj, ma Doil vo dr kloina römischa Provinz Pannonia en de Julische Alpa, fängt onser Gschichtle a. Dia Gschicht voma slowenischa Musikant ond seira schönschta Melodie …

Es isch a klare Sternanacht ieber Begunje na Gorenjskem gwäa, wo dr helle Schein voma Komet aus em Süda drei alloinige Reiter da Weg zoma Gaschthof gwiesa hot. Sie hend a anstrengende ond lange Reis hinter sich ghet ond doch gwisst, dass se no vor Dreikeenig an ihr Ziel komma sodded. Sie hend ihren weita ond entbehrungsreicha Weg uf sich gnomme, weil se zua dr Geburt voma Keenig hend wella, ond s war hegschde Eisabah! Se hend ra Omleidong folga müaße, weil d Römer z Schduegert grad am Necker-Odawald-Limes gschafft ond s Kastell Cannschtatt baut hend.

Jetzt hend se noh durch dia Schluchten des Balkan müssa, weil se z Konschtantinopel a Passage über da Bosporus buacht ghet hend ond no noh durch Anatolia bis na noch Syria, emmer mid dem Komet en Richdong Süda.

Noch dr mühevolla Überquerung von de Karawanka – dr Tunnel war wega ra Bauschtell gschberrt – hend se an ra Weggabelung aghalda.

»Dohanna versagt etzt wohl onser Navigatio«, hot oiner vo dene Reiter gsagt. »Dr Komet schtoht genau zwischa dene zwoi Weg! Wa demmer?«

Dia drei seltsame Gschtalta hend en d Nacht glauscht, wo aus dr Ferne a wondersame, fremde Musig an ihre Ohra drunga isch, a Melodie, wia se selta a Schönere gehört ghet hen.

»Wer macht do so schee Musig?«, hot dr Aführer auf em großa Kamel gfrogt.

»Mir froget en, weil do, wo der schpielt, muass a Gasthaus sei. Koi Musiker goht an ra Dorfkneip vorbei!«

Ond wirklich hend se, wo se denen Tö' vo dera Melodie gfolgt sen, da Gasthof »Pri Jožovcu« erreicht ond hend durch des hell erleuchtete Fenschter da Musig gheert.

Dia drei Reiter send abgstiega, hend ihre Kamel und da Elefant en da Schtall brocht ond send en d Gastschtub ganga. En jonger Krainer Musikant isch uf ra Bank nebam warma Feuer ghockt ond hot munter an ma seltsama Kaschta zoga, wo ausgseha hot wia drr zerknitterte Blosbalg voma Hufschmied.

»Was isch jetzt ao des für a Inschtrument?«, hot oiner vo denne Neuankömmling gfrogt. »Ois, wo durch Ziaga ond Blosa voma Balg Tö' von sich gibt?«

»Des woiß i ned«, hot der Schbieler gsagt. »Scho mei Großvadder hot des gschpielt, s macht Musig, und er hot ›Musika‹ zu nem gsagt.«

»Wia hoisch, Bua?«, hot der Fremde den Musikant gfrogt.

»Slavko«, hot dr Bursch gsat, ond der isch no koine zwanzge gwea.

»Ond was senn ihr für welche, wenne froga derf?«

»Mir sen drei weise Magier ond kommet ausem Oschda, also ned von drüba, sondern ausem Morgaland. Der mit em Ranza isch dr Kaschber, der mid der Glatze hoißt Melchior ond i bin dr Balthes. Zsamma semmer die Drei Keenig.«

Noh hend se m vo ihrm geplanta Bsuach z Bethlehem verzehlt, ond dass se auf em Weg seiet, ama neugeborena Keenig zum huldiga.

»Mir hen ao Geschenkle für en drbei, Myrrhe, Gold und Weihrauch, damit mr em a Fraid macha kennet. Aber wemmer zu seiner Geburt a Schtändle singa wöllet, fehlt ons d Musig. Du kämsch ons grad gschliffa. Hosch koi Luschd? Oder hosch ed dr Weil?«

»Do, om dia Johreszeit scho. Wenns warm wird, schaff i en meim Wengert. Wein isch en koschtbarer Saft in meiner Hoimet Slovenija.

Aber etzt, wenn d Reba gruabet, mach i Musig. Wenn ihr mi für a baar Groscha engaschieret, komm i glatt mit und bring eierm Königssoh als Gschenk en Slivovic mit. Des isch so ebbes wia bei Eich en Obschtler. Ond als Geburtstagsständle spiel i für en Liader aus dr ganza Welt: En böhmischa Walzer aus em Egerland, a oberschwäbisches Krippenlied aus Haischterkirch, einen Allgäuer Marsch aus Neuraveschburg und s berühmte Weihnachtslied voma Pfarrer aus Oberndorf an dr Salzach.«

So hend se dia Mucke abgmacht ond am nächsten Morgen hend dia drei Weise ned schlecht gschtaunt, wo dr Slavko en prächtiga weißa Hengscht aus em Schtall gführt hot.

»Des isch en Gaul aus meiner Hoimet. En slowenischa Lipizzaner. A Rass, wo sogar uf em Hauptgschtüt z Marbach em Takt vo dr Musik trabt. Uf gohts, reitet mr los, dr Weg isch weit!«

Noch ma ewiga Ritt send se an da Schlund vom Schwaaza Meer komma ond hend noch ma Fährmann gsuacht, wo se nüber nach Anatolia bringa ka. Später isch en Sturm komma ond dia schmal Fähre hot wild uf de Wellentäler vom Bosporus danzt. A fette Bö hot s Notenheftle vo dem slowenischa Musikant packt ond d Blätter send über Bord ganga.

»Zu was brauchsch du Nota?«, hot dr Kaschber gfrogt. »Spiel doch grad, wa da witt!«

Ond dr Slavko hot seine Finger voll Emotiona über d Taschda vo seirer »Musika« jugga lassa ond dr Balg hot Harmonia blosa, dass dene drei Weisa s Herz ganz leicht worra isch.

»Blas Musik in dia Welt!«, hot dr Kaschber gruafa.

»So musch schpiela, wemmer em Königspalast ankomma sen!«, hot dr Melchior verlangt.

»Hey, Slavko – schpiel ons ois!«, hot dr Balthes vo do a jeden Dag gsagt.

So send se schließlich zu dem Ort komma, wo ihna dr Komet dia Geburt von dem Kenig verhoißa hot.

Ond tatsächlich hend se des Kendle vor sich gseha, in ra oinfacha Kripp, aus dera en Ox ond a Esele Heu gfressa hen, und sie hen dia Leit von dem Bua em Stall auf em Stroh hogga seha ond dr Slavko hot sei »Musika« gschnappt ond seine Harmonia erklinga lassa.

»I han no nia schönere Harmonia ghert«, hot dr Balthes ehrfürchtig gflüstert.

»Mir soddet seim Inschtrument en Nama geba, weil s vereint Harmonie ond Musika«, hot dr Melchior vorgschlaga.

»Harmonika!«, hot dr Kaschber gsagt.

Dr Komet hot überm morscha Dach vo dem Schtall gleuchtet ond seine Kumpana hend zur Musig von dem slowenischa Harmonikaschpieler en Reigen danzt.

Dr Slavko hot en langsama, verhaltena Sechsachteltakt gschpielt ond vier schwäbische Hirta, wo uf der Wanderschaft vo Zavelstein über d Schwarzwälder Bäderstroß ond noh über d Oberschwäbisch Barockstroß noch Ratzaried waret, ond über da Pfändertunnel ens gelobte Land komma send, hend uf em Feld bei ihre Schof am Feuer glagert. Der aus em ferna Oberland hot a samtweiche Piffel gschpielt, dr Seeschwob hot sei Dromette erklinga lassa, der vo dr Rems hot sei Laute zupft ond dr Schwarzwälder Hirt hot auf seiner Schalmei tönt. A jeder noch dr Art vo seiner Hoimet.

Ond während dia vier schwäbische Hirten zsamma mit ihrm Obera, dem Krainer Slavko, im Quintett musiziert hend und zwoi Bauersleut drzu gsonga hend, hot dr Balthes zu seine zwoi Kamerada gsagt:

»S isch mir aso, als ob die Melodie von dem Ober-Krainer dia Nacht ieber dem magischa Ort mit ma musikalischa Zauber verseha hot.«

»Mr muass au dera Melodie en Nama geba …«, hot dr Melchior ehrfurchtsvoll gflüschtert.

»Des isch ned needig«, hot dr Kaschber widersprocha »Dr Ort selbscht hot des scho doa. Gugget doch nuff zum Firmament, noh verrotet er's!«

Ond während zum erschta Mol des Liadle erklunga isch, wo seither zu de schönschte Melodia vo de Oberkrainer ghört, hend älle Drei, wia aus oim Mund gsagt:

»Sterne der Heiligen Nacht.«

Diese Geschichte ist ***Saso Avsenik*** *gewidmet, dem Enkel des Oberkrainers* ***Slavko Avsenik.*** *Das Lied »Sterne der Heiligen Nacht« (Zvezde na Nabu) zählt für Edi Graf zu den schönsten Weihnachtsliedern.*

D STERN EN DR HEILIGA NACHT

MELODIE (ZVEZDE NA NABU): SLAVKO AVSENIK
DEUTSCHER TEXT (STERNE DER HEILIGEN NACHT): HANS KOHNEN
SCHWÄBISCHER TEXT: EDI GRAF

1. D Stern en dr Heiliga Nacht
   Leuchtet so hell ond so klar.
   S Chrischtkendle isch heut gebora,
   D Hirta, dia haltet heut d Wacht.

2. D Stern en dr Heiliga Nacht
   Saget ons: »Fraiet eich heut!«
   Bringet ons Menscha da Frieda,
   Wo onser Welt glücklich macht.

   D Sternla, Sternla, d Stern en dr Heiliga Nacht.

Eines der schönsten Weihnachtslieder von Slavko Avsenik und seinen Original Oberkrainern hat Edi Graf zu der Geschichte »Sei schönschte Melodie« inspiriert. Hier die schwäbische Version des Liedes, frei nach dem deutschen Originaltext von Hans Kohnen. Wir danken Saso Avsenik für die Erlaubnis, die Melodie hier abdrucken zu dürfen.

E♭ A♭ E♭
D Stern en dr Hei - li - ga Nacht
D Stern en dr Hei - li - ga Nacht
E♭ A♭ E♭
leuch- tet so hell ond so klar.
sa - get uns: »Frai - et eich heut!«
B♭7 A♭ E♭
S Chrischt - kendle isch heut ge - bo - ra,
Bring - et uns Men - scha da Frie - da,
B♭7 1. E♭
d Hirta, dia hal- tet heut d Wacht.
wo on - ser
2. B♭7 E♭ A♭
Welt glück - lich macht. La la la ...
B♭7
E♭ E♭ Cm B♭
D Stern - la, Stern -
Fm B♭ E♭
la, d Stern en dr Hei - li- ga Nacht.

S GOHT DRGEGA

S GOHT DRGEGA

EDI GRAF

Dr Chrischdbaum dussa vor em Haus
Ond greinigt s Gwand vom Niggelaus,
Dia Kugla uf dr Bühne doba,
S Lamedda büglet, wär vrloga,
Dr letschde Weggama em Necker,
Den findet ao dia Enta lecker,
Blos beim Nochber – ohne Scherz –
Brennt d Beleichdong bis em März!
Vorbei isch etzt dia Weihnachdszeit,
Doch glaubets mir, bald isch so weit,
No kommt Sankt Martin, so en Sega,
Frai de heit, weil s goht drgega.

SCHELL NED AN SELLERA SCHELL

MELODIE (KLING, GLÖCKCHEN): VOLKSWEISE
SCHWÄBISCHER TEXT: EDI GRAF

Schell ned an selle - ra Schell, schell ned dui Schell!

Sel -la Schell schellt ned - da, do kasch du drauf wed - da!

Schell lieber dia sell do, weil dui sell Schell schellt no!

Schell, Schel -la,schella,schella,schell, schell sel - le Schell!

1. Schell ned an sellera Schell,
   Schell ned dui Schell!
   Selle Schell schellt nedda,
   Do kasch du druf wedda!
   Schell lieber dia sell do,
   Weil dui sell Schell schellt no!
   Schell, Schella, schella, schella, schell,
   Schell selle Schell!

2. Schell ned an sellera Schell,
Schell ned dui Schell!
Mädle dent ao losa!
Dussa schellet d Klosa,
Machet uf dia Schtuba,
Ruprecht holt dia Buaba!
Schell, Schella, schella, schella, schell,
Schell selle Schell!

3. Schell ned an sellera Schell,
Schell ned dui Schell!
Luschdig facklet d Kerza
Weihnachd en de Herza.
D Narra schellet freehlich
D Fasnet an Dreikeenich!
Schell, Schella, schella, schella, schell,
Schell selle Schell!

Frei nach dem schwäbischen Zungenbrecher:
»Schellet Se ned an sellera Schella, selle Schella schellet ned. Schellet Se an sellera Schella, selle Schella schellet!«
Frei übersetzt: »Läuten Sie nicht an dieser Glocke, diese Glocke läutet nicht. Läuten Sie an jener Glocke, jene Glocke läutet!«

WAS FÜR A (PANDEMIE-)JOHR!

EDI GRAF

En Musikant, Tenorhorn schpielt er,
Sitzt onderm Chrischtbaum, und do fühlt er,
Was des Johr Weihnachd aus em macht,
In dere gnadareicha Nacht.
So viele Wünsch, dia sind zerronna,
Wo's Johr hot ned mol recht begonna.

Im Frühjohr noh en Hoffnungsschimmer –
Ha, hoffa, freile, des kasch immer!
Em Sommer Lichtblick, hie und da,
Wo mol dr Lockdown locker war.
Doch Bläserklänge sind tabu,
Des lässt die Pandemie ned zu!

So spielt er ganz alloi, em Fruscht,
Hätt doch zum Musiziera Luscht,
Mit seine Freund ond Musikanda,
Mit dene uf dr Bühne schtanda!
»Mir bleibet ons für immer treu!
Ihr glaubet's ned, wie i mi freu!«

Jetzt, z Weihnachda, do spürt er Kraft.
Ond irgendwann, do isches geschafft!
Er nimmt s Tenorhorn onderm Baum
Ond spielt sein Musikandatraum.
Der Virus, der ihn infiziert,
Nennt sich Musik. Er woiß ond spürt:

»Musik, dia wird dr Schlüssel sei!
Musik, dia lässt en ned allei!«
Des hot dia Weihnachd ihm do gsagt
In dera wundervolla Nacht,
Als er dort onderm Chrischtbaum gsessa,
Ond d Hoffnung hot er ned vergessa …

NACHKRIEGSWEIHNACHDA

MÜNDLICH ÜBERLIEFERT VON RUDI GRAF

Dr Weihnachdsbaum schteht öd und leer,
Die Kinder schauen blöd daher.
Da lässt dr Vadder einen kracha
Ond älle Kinder müssed lacha.

So ka mr ao mit kloine Sacha
De Kinder große Freude macha!

Edi Graf widmet dieses Versle dem Andenken seines Vaters, der stets bei Weihnachtsfeiern damit für große Heiterkeit sorgte.

GUAD-NACHT-GEBET ZUM JOHRESWECHSEL

BERNHARD BITTERWOLF

Liabr Herrgott, s isch doch so:
Vorsätz machet d Menscha froh!
Des allerbeschte »Ruhekissen«
Sei, so hoißts, a guads »Gewissen«.

Drum moin au i, kurz vor Neujohr,
Etz nimm i was Gscheids mir vor:
Nemme raucha, nemme saufa,
Öfters mol im Wald rumlaufa.

Vitamine sottets sei
Und äll Woch oi Mol bloß Wei.
Dr Alkohol wird reduziert
Und au s Essa minimiert.

Liabr Herrgott, gell, s isch recht?!
Oi Bitt hätt i: Was i mecht
Isch für Di a Kloinigkeit,
Dann endet mei Gebet für heit.

Dass mei Konto auf dr Bank
It auf ewig bleibt so schlank!
A dickes Konto sott i hau –
Mein Bauchumfang kasch schmelza lau.

Mein Ranza, klar, der sott sei dünn,
Do drnoch schtoht echt mein Sinn –
Ranza minus, Konto plus!
Amen, sag i, etz isch Schluss.

Herrgott, denk dra, s isch jo wohr,
Verwechsles it, wia letschtes Johr!

APRÈS-SCHI OND BRETTSALAT

EDI GRAF

Der Anton kommt aus Schtuegert und aus Vorarlberg sei Inge,
Sie fährt gern Schi im Winter ond isch dann guter Dinge.

Er hockt gern hinterm Ofa rom, der Winter isch ihm z kalt,
Do sagt sei Inge: »Tony komm, des Schifahrn lernst du bald!«

Am erschta Tag ganz leicht im Pflug, am Idiota-Buckel,
Der Anton isch dr Älteschte, sonscht lauter kloine Zwuckel.

Der Parallelschwung klappt ganz gut ond bald scho fährt er Schuss,
Uf oimol schtoht en Baum im Weg, no isch ganz plötzlich Schluss!

Dr guate Tony isch no ganz, bloß um di Schi ischs schad,
Dr bleede Baum war halt im Weg, grad recht fürn Brettsalat.

Dr Tony hot die gröschte Freud am Obed beim Après,
Weil er jetzt ao scho wedla ka, sogar im tiefa Schnee.

Sei Inge sagt: »Gib net so a! Du hosch en kloina Schwips!«
Des Wedla macht dr Alkohol – er hot dr Fuß em Gips.

I MAG DA WENDER

EDI GRAF

I mag da Wender
Ond da Schnee.
Wenns dussa schneit,
Ischs denna schee.

Jede Flock isch
En Genuss,
Weil i ben denn
Ond d Flocka duss!

Wenn die Däg noh werdet heller
Ond dr Schnee vom Himmel fällt,
Holsch da Schlitta aus em Keller,
Jetzt isch Wender uf dr Welt!

Wald ond Stroßa send ganz weiß,
S Christkendle ka nix drfür.
Dia Glocka schellet laut, statt leis:
Jetzt stoht d Fasnet vor dr Dür!

DER HELLE SCHEIN

BERNHARD BITTERWOLF

Dr Stadtrat voma schwäbscha Ort
Goht all Johr zum Ausflug fort.
Der Ausflug isch fürs Mitanand
Guad, weil ma dann Hand in Hand
Am Ratstisch wiedr schaffa ka –
Egal ob Weible oder Ma.

A bsonders Ziel stoht des Johr an –
Se fahret in dr Vatikan.
Alle send se mit drbei,
Freiet sich auf Pizza und auf Wei!
A Papst-Audienz, dia soll au sei –
Des isch doch was, oh heidanei!

Am zwoita Dag ischs dann so weit,
Heit hot dr Hoilig Vaddr Zeit.
Se neiget s Haupt und dont ganz fromm,
D Audienz isch kurz und bald scho rom.
Ma sait »Ade!« und »Bhüat di Gott!«
Bevor ma wiedr weitergoht.

Oiner von der Stadtratsherra
Duat no mit de Hufe scherra.
»Hoiliger Vaddr, sei so guad«,
Er nimmt zamm sein ganza Muat.
»Du muasch mi heiligsprecha, unbedingt,
Weil niemand scheener s Halleluja singt.

Weil koiner so viel schafft wia i,
Koi Sitzung lauft glatt ohne mi.
I bin gscheit, i bin dr Bescht,
Vergessa kasch dr ganze Rescht.
Ohne mi goht nix im Land,
Des isch alle Leit bekannt!«

»So, so«, sagt leise drauf dr Papst.
»I sieh, dass du Verdienste hast!
Doch heilig sprecha, des bloß goht
Bei Leitle, dia a Weile tot!«
»Des basst«, moint druf dr Stadtrat laut.
»Vor zwoi Johr hot mir oiner d Vorfahrt klaut!

Fahrt in mi nei, mein BMW war hie,
Mir duat heit no weh mei Knie!
Alles war dann ausm Lot,
I war it ganz, aber doch scheintot!«
»Aha«, dr Papst goht do drauf ei.
»Dann muss es heit wohl wirklich sei!

Mein Sohn, wer scheintot war
Und drüber naus, des isch mir klar,
Bsonders fleißig, guad für d Welt,
Der isch für mi en echta Held!
En Heiligaschei, des kriegsch du it,
Abr scheiheilig sprech de, wenn da witt!«

JOHRESWECHSEL – »LASS IT LUCK!«

BERNHARD BITTERWOLF

Scho wieder isch a Johr vorbei,
Dia Zeit rennt immer schneller,
Verbraucht sind Knocha, nemme nei,
Au s Hirn wird nemme heller.

Mit Sekt, do stoßet d Leit heit a,
Ma frogt sich, was wohl kommt.
Des letzschde Johr war so »na ja«!
Licht sieht ma heit am Horizont.

Bloß ois isch klar: Ma woiß, was war,
Doch was dia Zukunft bringt,
Was werra wird em nuia Jahr,
Des woiß koin Alta, woiß koi Kind.

Gohts vorwärts oder gohts etz zrück,
A jeder von uns hofft.
Kommt Schada oder hommr Glück?
Enttäuscht, des waret mir scho oft.

Etz zieah koin Flunsch na, lach doch laut,
A Chance bringt dir dia Zeit.
Des Glück, des schieaßt bloß dann ens Kraut,
Wenn Freid hont alle Leit.

Mir freiet uns an der Natur,
Mir schaffet, feschtet viel,
Mir dont au was für dia Kultur,
Des steigert s Lebensgfühl.

Mir stecket it dr Kopf en Sand,
Mir gucket vorwärts und it zruck.
Des Jährle bringt uns allerhand,
Sei hoffnungsfroh und lass it luck!

WENDER ADE!

EDI GRAF

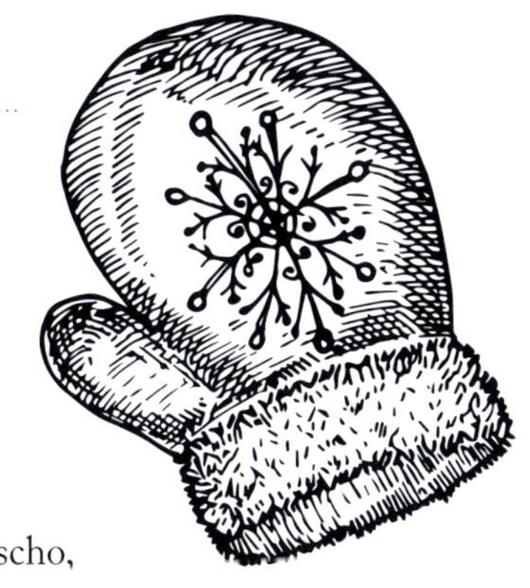

S isch Februar, dr Wender goht,
Sei Schnee isch alt und grau.
I schpür da Frühleng in dr Luft
Wenn i noch dussa schau.

Am Bach, do zwitschret d Schbatza scho,
En klarer Gsang, so schee,
Em Wasser schmilzt des letschde Eis,
Dr Wender sagt »Ade!«

Noh isch r do, noh isch r schtark,
Dr Wender – alder Ma! –
Ond zoigt, dass er mit äller Gwalt
Noh emmer gfriera ka.

No wehrt r sich ond haut ned ab,
Schickt kalde Luft und Flocka,
Etzt scheinet, grad zom Bossa, d Sonn
Ond duad Schneeglöckle locka.

Dr alde Ma wird langsam müad,
Fürn Wenderschlof wirds Zeit,
Wenn Lichtmess kommt, em Februar,
Isch Frühleng nemme weit …

WEIHNACHD LUSCHDIG

MELODIE (FRÖHLICHE WEIHNACHT): VOLKSWEISE, WOHL AUS ENGLAND
SCHWÄBISCHER TEXT: EDI GRAF

1. Weihnachd luschdig, trallaho!
Ond dr Niklaus isch scho do!
Belzmärt kommt, mit em Sack,
Ond do nei kommt s Lumbapack!
Weihnachd luschdig, trallaho!
»Kender, sprenget schnell drvo!«

2. Weihnachd luschdig, trallaho!
Ond dr erscht Advent isch do!
S Kerzle brennt uf em Kranz,
Ond an Weihnachda gibt's G(g)anz(s)
Viele Gschenkla, trallaho!
Ond dia Kender send so froh!

3. Weihnachd luschdig, trallaho!
Heilig Obed isch heit do!
In dr Kripp leit dr Bua,
Ox ond Esel guggat zua!
D Hirta senget »trallaho!«
Ond d Maria frait sich so!

4. Weihnachd luschdig, trallaho!
Balthes, Kaschber, Melchio' …
Seit Neijohr, glaubsch es kaum,
Nodlet onser Dannabaum!
S fehlt em s Wasser, trallaho!
Ond s Kamel frisst trockas Schtroh.

5. Weihnachd luschdig, trallaho!
Ond bald isch scho Lichtmess do.
Obeds hell: »Bei Dag ess,
Ond des Kongla* glatt vergess!«
Weihnachd rom jetzt, trallaho!
Frühling macht dr Bauer froh!

* *»Lichtmess, bei Dag ess, s Kongla vergess« – alter schwäbischer Losspruch zu Lichtmess. Frei übersetzt: Ab Maria Lichtmess kann man wieder bei Tag zu Abend essen und den Müßiggang vergessen.*

VORFRAID

BERNHARD BITTERWOLF

Dr Kühlschrank leer,
D Papierkörb voll,
Koin Obstler mehr,
Des Feschd war toll.

S Essa war fett,
D Kerze sind aus,
D Gsellschaft war nett,
Leer stoht mei Haus.

Dr Maga streikt,
Mein Schädel brummt,
Zum End sich neigt
Johr, Dag und Stund.

Dr Baum stoht kahl,
Des Feschd isch rum,
Mei Gfühl ganz fahl,
Mein Mund bleibt stumm.

Mei Fraid isch groß,
Du glaubsch des it,
S goht wieder los –
Und i mach mit!